Agatha Müller

Ich möchte einfach nur
geliebt werden...

Dafür tue ich alles!

AF192344

Agatha Müller

Ich möchte einfach nur geliebt werden...

Dafür tue ich alles!

Bibliografische Information der Deutschen Nationalbibliothek: Die Deutsche Nationalbibliothek verzeichnet diese Publikation in der Deutschen Nationalbibliografie, detaillierte bibliografische Daten sind im Internet über dnb.dnb.de abrufbar.

Herstellung und Verlag:
BoD – Books on Demand, Norderstedt

ISBN: 9 783759 707598

Inhaltsverzeichnis

Vorwort

Jeder Mensch hat das Bedürfnis, geliebt zu werden. Doch einige Menschen fühlen sich nicht geliebt und verbringen ihr ganzes Leben in der Sehnsucht, auch einmal geliebt zu werden. Sie nehmen dabei sehr viel in Kauf, geben sich selbst auf und machen alles für die andern, nur um ein bisschen Liebe zu bekommen. Trotzdem wird ihnen die Liebe, die sie sich so sehr herbeisehnen, nicht zuteil. Und wenn sie doch nur einen Partner oder eine Partnerin hätten, dann…! Doch selbst wenn ihnen dies gelingt, sind sie damit auch nicht glücklich.

Warum fühlen sich diese Menschen so ungeliebt und weshalb scheitern all ihre Bemühungen, geliebt zu werden? Was können diese Menschen tun, damit auch sie gesehen, geachtet und geliebt werden? Wie kann die Ur-Wunde geheilt werden?

Diesen Fragen gehe ich in dem Buch nach und komme zu Antworten und Lösungen, die auch den Lesern und Leserinnen helfen können.

Ich habe meine Erfahrungen und meine Sicht auf die Wunde des Nichtgeliebtwerdens dargestellt. Sicherlich gibt es auch noch andere Ursachen, Symptome, Erklärungen und Hilfen. Es treffen bestimmt auch nicht alle Aussagen auf jeden Menschen zu. So kann der Leser einfach das auswählen, was ihn anspricht und sich näher damit befassen. Einige Aussagen sind öfters erwähnt, weil sie bei verschiedenen Themenbereichen wichtig sind.

So wünsche ich allen meinen Lesern und Leserinnen, dass es ihnen gelingt, die Ur-Wunde des Nichtgeliebtwerdens zu heilen und die Liebe zu erfahren, nach der sie sich schon so lange sehnen.

Agatha Müller

PS:
Zur besseren Lesbarkeit verwende ich in diesem Buch hauptsächlich die männliche Form. Die verwendeten Personenbezeichnungen beziehen sich aber gleichermaßen auf alle Geschlechtsformen.

Die Entstehung

der Ur-Wunde

des Nichtgeliebtwerdens

Was ist die Ur-Wunde
des Nichtgeliebtwerdens?

Wenn ein Baby auf die Welt kommt, ist es klein und schutzbedürftig. Es ist auf Hilfe von außen angewiesen. Es braucht ein warmes Bett und Kleidung, muss gefüttert und gewickelt werden. Aber nicht nur sein Körper muss versorgt werden. Das Baby hat noch andere Bedürfnisse, die es der Welt aber noch nicht mitteilen kann, weil es noch nicht sprechen kann. Es braucht Berührung, Zuneigung, Liebe und die Fürsorge der Mutter, damit es ein Urvertrauen entwickeln kann, ein Gefühl der Sicherheit und Geborgenheit. Nur dann kann es sich in dieser Welt sicher fühlen.

Wenn während der Schwangerschaft, bei der Geburt oder in den ersten Lebensjahren diese Voraussetzungen nicht gegeben sind, entsteht im Kind eine Verletzung, die eine tiefe Wunde hinterlässt. Sie wird als Ur-Wunde des Nichtgeliebtwerdens bezeichnet und wirkt sich oft im späteren Lebensverlauf in verschiedenen Erscheinungsformen aus.

Bei dieser Wunde geht es nicht um körperliche, sondern immer um emotionale Bedürfnisse des Kindes, die nicht erfüllt werden. Dem Kind fehlt die Lebensnahrung und es kann nicht gesund und glücklich aufwachsen. In ihm entsteht das Gefühl, nicht geliebt zu werden. Und dieses Gefühl bleibt so lange bestehen, bis die Ur-Wunde geheilt wird. So haben manche Menschen ihr ganzes Leben lang das Gefühl, von niemandem geliebt zu werden und es wird ihnen von der Umwelt auch immer wieder bestätigt.

Dieses Gefühl ist auf die Ur-Wunde des Nichtgeliebtwerdens zurückzuführen und es ist immer eine tiefe und schwere Wunde. Sie kann auch als schweres ungeheiltes Kindheitstrauma bezeichnet werden. Durch die schwere Verletzung und den intensiven Schmerz, den das Kind spürt, gibt es eine Trennung zwischen der Bezugsperson (meist die Mutter) und dem Kind. Im Kind entsteht das Gefühl des Abgeschnittenseins. Dieses Gefühl wird im Körper des Kindes gespeichert und lebt dort weiter, auch noch im Erwachsenenalter.

Wenn z. B. ein Neugeborenes von seiner Mutter getrennt oder abgelehnt wird oder aus einem anderen Grund keine Liebe bekommt, empfindet das Kind einen Ur-Schmerz. Es erfährt, dass ihm etwas Existentielles fehlt, welches es für seine gedeihliche Entwicklung benötigt. Und das Fehlen von etwas, das dringend benötigt wird, das ist der Ur-Schmerz und dieser Schmerz führt zur Ur-Wunde. So beinhaltet die Ur-Wunde einen schmerzhaften Mangel oder eine schmerzhafte Enttäuschung.

Es geht dabei immer um das Bedürfnis, gewollt zu sein, geliebt zu werden, da sein zu dürfen, Verbundenheit und Verlässlichkeit zu erleben, genährt und erkannt zu werden. Deshalb gibt die Wunde dem Betroffenen während seines Lebens auch das Gefühl, nicht richtig zu sein, nicht angenommen zu sein, nicht ganz zu sein, getrennt zu sein, abgelehnt zu werden, nicht dazuzugehören, nicht geliebt zu werden, anders zu sein. Die Wunde des Nichtgeliebtwerdens kann das ganze Leben lang schmerzen, sofern sie nicht geheilt wird, und sie lässt den Betroffenen ständig in der sich nie erfüllenden Sehnsucht nach Geliebtwerden leben. Sein eigentliches Leben geht an diesem Menschen vorbei.

Die Ur-Wunde ist eine tiefe seelische Wunde. Es ist eine emotionale Verletzung, die niemand sieht, die den betroffenen Menschen aber in vielen Aspekten seines Lebens beeinträchtigt. Die Wunde ist im Körper fühlbar, sie kann wahrgenommen und zugelassen werden, und es kann erkannt werden, welche körperlichen Empfindungen damit verbunden sind – sofern die Aufmerksamkeit von dem jeweiligen Menschen auf die Wunde, die in ihm ist, gerichtet wird.

Die Entstehung der Ur-Wunde des Nichtgeliebtwerdens...

...im Mutterschoß

Das menschliche Leben beginnt bei der Befruchtung. Durch bestimmte Umstände oder Ereignisse kommt es vor, dass sich schon der Fötus im Mutterschoß nicht geliebt fühlt und bereits in dieser frühen Phase des menschlichen Lebens in ihm die Wunde des Nichtgeliebtwerdens entsteht. Nachfolgend ein paar Beispiele:

◉ Das *Kind ist unerwünscht*

Das ist z. B. der Fall, wenn das Kind im Bauch der Mutter spürt, dass es gar kein gewünschtes Kind ist, dass es aus Versehen entstanden ist oder als sogenannter Unfall bezeichnet wird. Seine Mutter überlegt vielleicht, ob sie es wegmachen lässt. Wenn sie sich dann doch dazu entschließt, es auf die Welt zu bringen, dann ist sich das Kind ihrer Liebe nicht mehr sicher, denn es weiß, dass seine Mutter es eigentlich gar nicht will, dass es unerwünscht ist.

- Die *Mutter wurde vergewaltigt*

Wenn ein Kind bei einem Vergewaltigungs-
akt gezeugt wird, empfindet die Mutter bei
der Zeugung keine Liebe. Es wird ihr Gewalt
angetan. Ob die Vergewaltigung durch einen
fremden Mann oder den eigenen Ehemann
geschieht, ist dabei belanglos. Die vergewal-
tigte oder zum Liebesakt gezwungene Frau
ist in dem Moment nicht für ein Kind bereit.
Das Kind ist von dessen Mutter nicht gewollt, zumindest nicht zu diesem Zeitpunkt.
Sie muss es aber in ihrem Körper austra-
gen. Das kann zur Folge haben, dass sie
keinerlei Bindung zum Kind eingehen kann,
oft das ganze Leben lang nicht. Sie kann es
nicht lieben, weil ihr bei der Befruchtung
Gewalt angetan wurde oder sie unter star-
kem Druck stand.

- *Die Beziehung mit dem Partner endet*

Vielleicht ist das Kind auch ein gewünschtes
Kind und seine Mutter freut sich über den
Nachwuchs. Doch während der Schwanger-
schaft endet aus irgendeinem Grund die
Beziehung zwischen der Mutter des Kindes
und dessen Vater. Dies kann zur Folge ha-

17

ben, dass die Mutter das Kind plötzlich nicht mehr will, weil sie keinen Nachwuchs von diesem Mann möchte, der ihr vielleicht weh getan hat und nun getrennt von ihr lebt. Das Kind wächst aber schon in ihrem Leib heran. Abtreiben ist nicht mehr möglich, da das Wachstum des Kindes schon zu weit fortgeschritten ist. Die Mutter muss das Baby auf die Welt bringen. Aber ihre Liebe zu ihm ist angeknackst, weil sie immer den Vater in ihm sieht. In dem Kind entsteht eine tiefe Wunde. Es spürt den Schmerz des Nichtgeliebt-/Nichtgewolltwerdens und kann nicht verstehen, dass seine Mutter es plötzlich nicht mehr will, wo sie es zuvor doch geliebt hat.

⦿ Die *Mutter hat ein Trauma*
  während der Schwangerschaft

Manchmal erleidet die Mutter während einer glücklichen Schwangerschaft ein Trauma. Vielleicht stirbt jemand Nahestehender, z. B. ihr Mann, der Bruder oder die Schwester des Kindes plötzlich und unerwartet, z. B. durch einen Unfall. Das Trauma, das die Mutter des Ungeborenen durchlebt, bekommt auch das Ungeborene mit, auch die Trauer, die Verzweiflung und vielleicht sogar die Schuldgefühle seiner Mutter. Die Mutter ist dann mit sich selbst beschäftigt und kann eine Weile nicht in Kontakt mit dem Baby sein. Das kann zu einem Bindungstrauma führen. Und vielleicht ist das Baby nun gar nicht mehr gewollt, weil die Mutter Angst hat, es in ein paar Jahren genauso zu verlieren wie das Geschwisterkind.

...bei der Geburt

Das Kind verlässt bei der Geburt den warmen geborgenen Mutterschoß und erblickt das Licht der Welt. Es wird nun mit einer völlig neuen Umgebung konfrontiert, die komplett anders ist als die im Mutterleib und es hört den Herzschlag der Mutter, der ihm so vertraut ist, nicht mehr. Da ist es für das Kind enorm wichtig, gleich an die Brust der Mutter gelegt zu werden, damit es den Herzschlag wieder wahrnehmen kann, damit es Sicherheit fühlt.

Das Kind muss willkommen geheißen werden, so dass in ihm das Gefühl entsteht, dass alle sich freuen, dass es einzigartig ist, angenommen und geliebt wird.

Doch nicht immer ist die Freude über das Kind bei der Geburt groß. Manchmal erleidet das Kind einen unsäglichen Schmerz. Es kommt auf diese Welt und wird nicht angenommen und nicht geliebt, ist nicht erwünscht. Das kann unterschiedliche Gründe haben, zum Beispiel:

- Das *Kind erfüllt die*
  Vorstellung der Eltern nicht

Es kann z. B. sein, dass sich die Mutter des
Kindes während der Schwangerschaft schon
ein genaues Bild von dem Kind gemacht hat
und dann sieht sie es zum ersten Mal und
es sieht ganz anders aus, entspricht nicht
ihren Vorstellungen. Es hat z. B. eine andere
Haut- oder Haarfarbe oder eine geistige
oder körperliche Beeinträchtigung. Seine
Mutter ist geschockt und denkt, dass das
nicht ihr Kind sein kann. Vielleicht ist es
auch ein Junge und sie hat sich ein Mädchen gewünscht oder umgekehrt. Sie kann
das Kind nicht so annehmen wie es ist, kann
ihm nicht die Liebe geben, die es braucht.
Vielleicht nimmt die Mutter ihr Kind nicht
einmal in ihre Arme.

- *Die Mutter ist im*
  Trauerschmerz gebunden

Manchmal kann eine Mutter ihr Kind auch
nicht annehmen, weil sie gerade zu sehr in
einem Schmerzprozess, z. B. in einem Trauerschmerz gefangen ist. Vielleicht ist der
Bruder oder die Schwester des Neugebore-

21

nen vor Monaten im gleichen Krankenhaus gestorben, in dem das Kind geboren ist. Die Mutter kann dann das Neugeborene nicht in die Arme nehmen und an ihre Brust legen, weil sie nur das tote Kind sieht, sich ganz im Schmerz des verstorbenen Kindes befindet. Das Neugeborene kann das nicht verstehen. Seine Mutter kümmert sich nicht um es, nimmt es nicht an. Das verursacht einen tiefen Schmerz.

⦿ *Das Kind wird direkt*
  nach der Geburt operiert

Manchmal wird das Kind der Mutter auch gleich nach der Geburt weggenommen, weil es z. B. mit einem Herzfehler geboren wird, der sofort operiert werden muss. Die Mutter kann es dann erst wieder nach der Operation, also nach Stunden oder vielleicht Tagen in ihre Arme nehmen und nähren.

Manchmal muss auch die Mutter direkt nach der Geburt operiert werden. Auch da wird das Kind von ihr eine Weile getrennt.

◉ *Das Kind wird zur Adoption freigegeben*

Eine Frau, die sehr früh schwanger geworden ist, fühlt sich oft noch zu jung, um ein Kind aufzuziehen. Sie ist vielleicht selber noch ein Kind. Deshalb gibt sie das Baby nach der Geburt zur Adoption frei. Es gibt auch noch viele andere Gründe, warum eine Mutter ihr Kind zur Adoption frei gibt.

Die Mutter will das Beste für ihr Kind. Sie meint, andere Eltern können ihm ein besseres Zuhause geben. Auch wenn die Adoptionseltern bindungsmäßig alles richtig machen und das Kind lieben, entsteht im Kind trotzdem eine Wunde, ein Loch. Das Kind war neun Monate im Bauch seiner Mutter, hat dort eine Bindung mit seiner leiblichen Mutter aufgebaut und nun erblickt es das Licht der Welt und seine Mutter will es nicht haben, gibt das Kind weg. Sie berührt es nicht einmal, will es nicht einmal sehen, damit keine Bindung entsteht. Dabei ist der Mutter nicht bewusst, dass die Bindung schon im Mutterleib entstanden ist und mit dem Weggeben zerstört wird. Ein adoptiertes Kind hat oft das Gefühl, dass ihm etwas fehlt, auch noch im Erwachsenenalter.

Dasselbe geschieht, wenn das Kind von einer Leihmutter ausgetragen wird. Das Kind trägt zwar die Gene der Mutter in sich, von der es aufgezogen wird, ist aber im Leib einer anderen Mutter gewachsen, ist mit dieser eine neunmonatige Bindung eingegangen und wird nun gleich nach der Geburt von ihr getrennt.

- Die *Mutter wird bei der Geburt traumatisiert*

Die Geburt ist oft nicht so einfach für Mutter und Kind und auch nicht für den Vater. Eine Geburt kann lebensbedrohlich für Mutter und Kind sein. Manchmal werden auch Eingriffe vorgenommen, denen die Mutter nicht zugestimmt hat. Auch Gewalt ist manchmal im Spiel. Und da kommt es darauf an, wie mit diesen Sachen umgegangen wird. Eine traumatische Geburt kann sich auch langfristig negativ auf die Beziehung zum Baby auswirken und sie kann für die Mutter eine posttraumatische Belastungsstörung oder postnatale Depression zur Folge haben. Der

Zwiespalt zwischen dem, was erwartet wurde und dem, was passiert ist, ist anfangs kaum zu überwinden und dann kann auch das Kind nicht in Freuden angenommen werden und die Mutter kann sich nicht richtig um das Kind kümmern. Sie findet nicht in die Bindung. Manchmal empfindet eine Mutter mit einer postnatalen Depression ihr eigenes Kind als fremd und kann es nicht stillen.

Aber auch der Vater kann eine posttraumatische Belastungsstörung entwickeln, wenn er bei der Geburt anwesend ist. Hilflos dabei zu sein, wenn die Partnerin unter sehr starken Schmerzen leidet, mit ihr grob umgegangen wird oder sie und/oder das Kind in Lebensgefahr schwebt, ist nicht so einfach auszuhalten. In solchen Fällen kann das Kind dann oft nicht richtig angenommen werden, wenn es auf der Welt ist, weil die Eltern selber noch in dem Schmerz oder Trauma sind.

...in der frühen Kindheit

Nun ist das Kind geboren und sein Leben außerhalb des Mutterleibes beginnt. Auch in den ersten Lebensjahren wird vielen Kindern noch die Wunde des Nichtgeliebtwerdens zugefügt. Nachfolgend ein paar Beispiele:

- *Das Kind muss allein im Krankenhaus oder zuhause bleiben*

Normalerweise nimmt die Mutter ihr Kind mit nach Hause, wenn sie nach der Geburt das Krankenhaus verlässt. Doch manchmal geht das nicht. Ein als Frühchen geborenes Kind muss noch ein paar Tage, Wochen oder gar Monate länger im Krankenhaus bleiben. Heutzutage dürfen die Eltern oder zumindest ein Elternteil beim Kind im Krankenhaus bleiben und es mitversorgen. Doch früher war das nicht so. Da wurde das Kind von der Mutter getrennt, oft für lange Zeit. Das Baby fühlt sich dann von seiner Mutter verlassen, auch wenn sie es immer wieder besucht.

Genauso kann es auch sein, dass die Mutter im Krankenhaus bleiben muss und das Kind nach Hause geschickt wird. Selbst wenn es vom Vater gut versorgt wird, ist das Kind von der Mutter getrennt und erfährt diesen Schmerz.

● *Ein Geschwisterkind stirbt*

Oft führen auch schicksalhafte Umstände dazu, dass die Eltern das Kind nicht mehr lieben können. Wenn Eltern ihr erstes Kind, das sie über alles geliebt haben, durch eine Krankheit oder einen Unfall sehr früh verlieren, noch bevor ihre anderen Kinder das Licht der Welt erblicken, dann sind sie normalerweise gar nicht mehr in der Lage, die nachkommenden Kinder so zu lieben, wie sie dieses erste Kind geliebt haben. Sie haben es aus ganzem Herzen geliebt und es wurde ihnen entrissen. Der Schmerz ist unsäglich groß. Und diesen Schmerz möchten sie nicht noch einmal erleben und deshalb geht die Liebe bei den nachfolgenden Kindern nicht so tief. Aber das Kind versteht das nicht und fühlt sich ungeliebt.

● *Die Mutter ist psychisch erkrankt*

Es kann auch sein, dass die Mutter des Babys psychisch krank ist und das Kind aus diesem Grund nicht annehmen und lieben kann. Eine depressive Mutter z. B. hat oft schon ein Bindungstrauma durch die eigene Mutter erlebt und diese vielleicht wiederum durch ihre Mutter. Eine Mutter mit Borderline-Störung verwirrt z. B. ihr Kind oft, weil sie zu viel wechselhafte Emotionen zeigt. Das Kind ist dann in der Annäherung verwirrt. Ich möchte jetzt nicht näher auf die einzelnen psychischen Erkrankungen der Mutter und die Folgen für das Kind eingehen.

Psychisch kranke Eltern können ihre Elternfunktion teilweise nicht wahrnehmen, je nach Stärke der psychischen Erkrankung. Sie können das Kind nicht richtig versorgen. Wenn sie zu schwach sind, dreht das Kind die Rolle oft um und übernimmt die Elternfunktion. Es fühlt sich verpflichtet, auf seine Eltern aufzupassen und hat auch oft Angst, dass den Eltern etwas passiert, während es in der Schule ist, weil es da die Eltern nicht beschützen kann.

◉ *Die Mutter ist traumatisiert*

Möglicherweise ist die Mutter selber traumatisiert und kann deshalb dem Kind nicht die
Liebe geben, die es braucht. Eine traumati-
sierte Mutter kommt oft gar nicht an ihre
Emotionen ran und kann sich auch nicht auf
die Emotionen des Kindes einlassen. Sie
lässt sich nicht tiefer auf das Kind ein, weil
sie Angst hat, dass durch tiefere Emotionen
die Not ihrer eigenen Kindheit hochkommt
und sie dann den Halt verliert.

◉ *Die Mutter hat Gewalt erlebt*

Eine Mutter kann auch aggressiv auf ihr
Kind reagieren oder ihm feindselig gegenüberstehen. Dies ist der Fall, wenn sie z. B.
ihre eigene Kindheit als völlig unkontrollier-
bar und gewalttätig erlebt hat. Sie sucht
dann das Heil in der Opfer-Täter-Rolle und
gibt es 1:1 weiter. Das Kind erlebt dann die
Verachtung, die seine Mutter in ihrer Kindheit auch erlebt hat und erfährt nicht die Liebe, die es braucht.

- *Es gibt tote Kinder in der Ahnenreihe*

Wenn es in einer Familie in der Ahnenreihe viel Verlust oder tote Kinder gegeben hat oder wenn die Mutter selbst schon ein Kind verloren hat, dann lebt sie ständig in der Angst, dass ihrem Kind etwas zustößt. Sie fängt an, das Kind überzubehüten. Das Kind verliert dadurch seine Freiheit. Es darf viele Dinge nicht tun, die andere Kinder tun dürfen und vor allem wird es ständig kontrolliert. Da kann keine Liebe fließen.

- *Die Schwangerschaft*
  wurde zu spät entdeckt

Vielleicht haben die Eltern noch mit keinem Gedanken an ein Kind gedacht und es war eine große Überraschung für sie, als sie die Schwangerschaft entdeckt haben. Vielleicht wurde sie so spät entdeckt, dass das Kind auf die Welt kam, bevor die Eltern sich richtig darauf einstellen konnten, ein Kind zu bekommen. So waren sie bei der Geburt ihres Kindes unvorbereitet und mit der Erziehung komplett überfordert. Sie sind möglicherweise noch viel zu jung und bekommen von ihren eigenen Eltern keine Unterstützung, sondern nur Vorwürfe oder sie machen sich selbst gegenseitig Vorwürfe.

● *Die Eltern haben zu viele Kinder*

Wenn das ungeliebte Kind das jüngste Kind in der Familie ist und die Eltern schon viele Kinder haben, können sie sich oft nicht in der gewünschten Art und Weise um dieses eine Kind kümmern, ihm nicht genügend Liebe zukommen lassen. Es läuft einfach mit. Manchmal übernehmen die größeren Geschwister die Elternrolle.

● *Das Kind wird als Last empfunden*

Wenn Eltern gar keine Kinder haben wollten und aufgrund der Geburt eines Kindes ihr ganzes Leben umstellen müssen, dann ist ihnen das Kind oft eine Last. Dem Kind werden von der Mutter oder auch vom Vater oft Schuldgefühle eingeredet. Es bekommt z. B. den Satz zu hören: „Wegen dir habe ich es so schwer." oder „Wegen dir ist mein Leben ruiniert. Ich wollte eigentlich etwas ganz anderes machen und jetzt muss ich mich um dich kümmern." Durch solche missbräuchliche Kommunikationsmuster entwickelt ein

Kind oft ein völlig übertriebenes Schuldbe-
wusstsein.

- ⦿ *Das Kind bekommt*
  Schläge und Drohungen

Oft sind es auch die Erziehungsmaßnah-
men, die eine Wunde verursachen. Wenn
einem Kind z. B. ständig gedroht wird, es
gestraft und geschlagen wird, dann kann es
kaum das Gefühl bekommen, dass es in
Ordnung ist und geliebt wird. Dann bekommt
es zwangsläufig das Gefühl, dass mit ihm
etwas nicht stimmt.

- ⦿ *Die Mutter ist narzisstisch*

Eine narzisstische Mutter, d. h. eine Mutter,
die sich nur um sich selbst kümmert, hat ihr
Kind nicht auf die Welt gebracht, um es zu
lieben. Sie hat sich dieses Kind nicht gewünscht. Sie hat es bekommen (sich ange-
schafft), weil es in ihrem Wohnviertel oder in
ihrer Branche, z. B. als Lehrer, einfach zum
Status gehört, eine Bilderbuchfamilie mit
zwei Kindern zu haben. Das Kind ist nur
zum Vorzeigen und fürs Fotoalbum da. Die
meiste Zeit verbringt es vermutlich bei der

Oma oder es wird bei verschiedenen Tagesmüttern aufbewahrt. Wenn seine Eltern es zum Vorzeigen brauchen, wird es abgeholt und darf/muss mitgehen. Es wird dann natürlich das entsprechende Vorzeigeverhalten vom Kind erwartet.

⊚ *Das Kind wird von seinen Geschwistern nicht geliebt*

Für einen Erstgeborenen, der z. B. fünf Jahre Einzelkind war und dann plötzlich mit einem Geschwisterchen überrascht wird, fällt erst einmal eine Welt zusammen. Er hatte Monopolstellung und wird jetzt durch das Baby vom Thron gestürzt. Er hatte seine Eltern fünf Jahre für sich allein mit deren voller Zuwendung und Liebe. Und nun soll er das alles mit dem Baby teilen und nicht nur teilen. er hat das Gefühl, dass es nur noch um das Baby geht, seit es auf der Welt ist und er ganz übersehen wird. Da kann es schon passieren, dass er das Baby nicht lieben kann, weil dieses ja schuld ist, dass er nicht mehr die ganze Liebe bekommt und seine Mutter bzw. sein Vater nicht mehr so viel Zeit für ihn hat, ihn vielleicht sogar noch als Babysitter eingespannt. Alles geht nur noch um das Baby. Die Eltern lieben nur noch das Baby – so sein Gefühl. Also fängt er z. B. an, das Baby zu ignorieren oder es gar zu misshandeln.

Wenn das Baby in eine Familie mit vielen Geschwistern hineingeboren wird, dann kann das sehr schön sein, weil immer jemand da ist. Aber Geschwister können auch grausam sein und gemeinsam auf ein Geschwisterkind losgehen, es ausstoßen, ihm zeigen, dass es nicht geliebt, nicht gewollt ist, zumindest nicht in ihren Reihen. Dies ist manchmal der Fall, wenn die Eltern einem Kind mehr Aufmerksamkeit geben als seinen Geschwistern, weil es z. B. ständig krank ist oder lang krank war oder auch, weil es eine besondere Begabung hat. Das kann die Geschwister dazu veranlassen, auf dieses Kind eifersüchtig zu werden.

Manchmal verpetzt ein Kind seine Geschwister immer, um Lob von den Eltern zu erhalten. Auch dies kann die Geschwister veranlassen, dieses Kind aus der Geschwisterreihe auszustoßen.

- *Die Eltern sind selbst
  nicht geliebt worden*

Viele Eltern, die selbst nicht geliebt wurden, können ihr Kind auch nicht lieben. Sie geben das weiter, was sie auch erfahren haben. Das Kind denkt, dass mit ihm etwas nicht stimmt, dass es nicht liebenswert ist, denn ansonsten würde es von seinen Eltern geliebt werden. Es bezieht den Liebesentzug auf sich, weil es nicht weiß, dass seine Eltern nicht lieben können.

- *Das Kind verbringt die
  ersten Jahre in der Kinderkrippe*

Es gibt immer mehr Eltern oder alleinerziehende Mütter, die ihr Kind wenige Wochen oder Monate nach der Geburt während sie beim Arbeiten sind, in der Kinderkrippe abgeben oder abgeben müssen. Für das Gefühl des Kindes macht es keinen Unterschied, ob die Eltern zu diesem Schritt gezwungen werden oder ihn bewusst machen. Der Schmerz ist derselbe. Das Kind wird früh von den Eltern getrennt und erlebt dieses Verlassenheitsgefühl des Nichtgeliebtwerdens.

⊙ *Die Eltern arbeiten zu viel*

Manche Eltern arbeiten sehr viel und sind nur wenig zuhause. Das Kind wird dann oft bei den Großeltern abgegeben. Da entsteht im Kind schnell das Gefühl, dass seine Eltern nicht für es da sind, dass es von ihnen abgetrennt ist und dass die Eltern sich nicht für das Kind interessieren.

⊙ *Der Vater ist nicht da*
   oder sehr dominant

Eine Mutter ist alleinerziehend, weil sie sich vom Vater getrennt hat, nie mit ihm zusammen war oder der Vater früh gestorben ist. Das Kind sieht den Vater vielleicht gar nicht oder nur selten oder die Eltern streiten oft wegen dem Kind. Vielleicht spielt auch der Vater die Mutter aus oder umgekehrt. Da möchte das Kind dann am liebsten gar nicht mehr da sein.

Wenn der Vater als Bindungsperson ausfällt, weil er nicht verfügbar ist oder aber auch sehr dominant, sehr streng oder gewalttätig ist, dann fühlt sich ein Kind nicht geliebt. Der Vater ist die zweite primäre Bindungsperson (die Mutter ist die erste). Das Kind braucht eine gesunde Mutter- und eine gesunde Vaterbindung. Einem Kind, das nur bei der Mutter aufwächst, fehlt die männliche Bindung. Bei alleinerziehenden Müttern sind die Kinder oft allein, weil die Mutter allein für den Lebensunterhalt aufkommen muss. Da entsteht ein Loch, eine Wunde im Kind. Es erlebt oft innere Leere, inneren Verlust und sucht zeitlebens nach Vatervorbildern. Es sucht z. B. in Vereinstrainern eine Vaterfigur oder in älteren Männern, manchmal auch in Freunden. Es lässt sich von der ausgewählten Person meist viel gefallen, weil es eine Vaterfigur braucht. Ein Kind, das sehr früh vaterlos ist, rennt zeitlebens einem Mangel hinterher, wenn er nicht behoben wird.

⦿ *Das Kind ist im Heim*

Ein Heimkind leidet besonders am Mangel von Nähe und Zuwendung, körperlich und seelisch. Vor allem fehlt ihm die innige Nähe der Mutter und somit die Geborgenheit. Das Kind im Heim ist nicht das einzige Kind. Dort sind viele Kinder. So muss es warten, bis es dran ist. Es lernt nie das Gefühl der liebevollen und zuverlässigen Mutter kennen. Es hat keine Mutter, die sich um das Kind kümmert und da das Personal im Heim öfters wechselt, kann es dort auch nicht die Bindung aufbauen, die es braucht. Es hat keine feste Bezugsperson. Das Personal hat außerdem zu wenig Zeit, um sich um jedes Kind einzeln zu kümmern.

⊙ *Die Schwangerschaft wurde*
   nicht gründlich überlegt

Ein Kind wird oft nicht geliebt, weil die Entscheidung, Nachwuchs zu bekommen, kein bewusster und gründlich überlegter Wunsch war. Es gibt für dieses Kind keinen Platz im Herzen und deshalb ist es unmöglich, einen Platz zu schaffen.

⊙ *Das Kind verbringt*
   die ersten Jahre im Büro

Bei Müttern, die in der eigenen Firma, z. B. im Büro arbeiten, wird das Kind von Anfang an mit zum Arbeitsplatz genommen. Es wird während der Arbeit versorgt. Doch dabei bekommt es oft nicht genug Zuwendung und Liebe, da der Kopf der Mutter bei der Büroarbeit ist und nicht beim Kind. Für das Kind bleibt meist nur wenig Zeit übrig. Das kann eine Wunde im Kind verursachen.

⊙ *Das Kind wird vernachlässigt*

Die Ur-Wunde des Nichtgeliebtwerdens kann auch durch Vernachlässigung, Ablehnung, Nichtangenommenwerden oder tiefen Schuldgefühlen entstehen oder auch aus dramatischen Verletzungen, Herzbruch, seelischem oder körperlichem Missbrauch und Grenzüberschreitungen von anderen Bezugspersonen wie z. B. Geschwistern, Verwandten, Erzieherinnen, Lehrern stammen oder von ihnen verstärkt werden. Vernachlässigung hat viele Formen, die man auf den ersten Blick oft gar nicht als Vernachlässigung sieht.

⊙ *Das Kind wird nicht*
  ‚gehört‘, wenn es schreit

Früher war es gängig, ein Kind lange schreien zu lassen, wenn es z. B. Hunger hatte oder in die Windel gemacht hat oder sonst ein Bedürfnis hatte. Die Meinung war, dass das Kind schon wieder aufhört zu schreien und nur verwöhnt wird, wenn es sofort bedient wird. Das war ein falsches Denken, denn diesen Kindern wurde dadurch eine Wunde zugefügt. Sie haben sich verlassen und nicht geliebt gefühlt und irgendwann haben sie dann aufgehört, Bedürfnisse anzumelden.

Die Auswirkung der Ur-Wunde des Nichtgeliebtwerdens

Die Auswirkung der Ur-Wunde des Nichtgeliebtwerdens

Nachfolgend beschreibe ich, wie sich die Ur-Wunde in vielen Fällen auswirkt. Sie kann aber auch andere als die genannten Symptome verursachen. Wer sich also in den folgenden Beschreibungen nicht wiederfindet, kann die Wunde trotzdem in sich tragen. Allen gemeinsam ist jedoch, dass jeder, der die Wunde in sich trägt, sich verlassen fühlt, sich ein Stück von sich abgetrennt hat oder sich sogar ganz abgetrennt hat und deshalb ein manchmal seltsames Verhalten zeigt.

...im Kindergarten- und Schulalter

Die Verletzung durch die Ur-Wunde des Nichtgeliebtwerdens geschieht in den allermeisten Fällen schon im Kleinkindalter, kann aber auch durch die Kindergarten- oder Schulsituation, dem Verhalten der Lehrer bzw. der Erzieherinnen oder auch der Eltern entstehen bzw. immer wieder „aufgerissen" oder verstärkt werden.

Ein Kind, das nicht geliebt wird oder nicht geliebt wurde, entwickelt Verhaltens- und Ausdruckweisen, in denen es seine Verlorenheit und sein Unbehagen ausdrückt. Es fällt auf oder wird übersehen, je nachdem, welche Verhaltensweisen es entwickelt hat.

In der Schule ist es oft schüchtern, traut sich nicht, auf die Mitschüler zuzugehen oder den Lehrer etwas zu fragen. Es traut den Lehrern und Mitschülern nicht, fühlt sich nicht in Sicherheit. Vor allem wenn es von den Lehrern und Mitschülern nicht freundlich empfangen wird, fängt sofort die Ur-Wunde wieder an zu „bluten" und das Gehirn des Kindes sendet Signale von Angst und Anspannung aus. Das Kind macht sich unsichtbar, ist ein stiller Leider. Es ist physisch zwar da, doch es scheint so, als wäre es nicht wirklich anwesend. Es versucht, sich zu verstecken, nicht zu existieren.

Das Kind traut sich nicht, sich im Unterricht zu melden, hofft aber insgeheim, dass der Lehrer es aufruft, wenn es etwas weiß, auch wenn es nicht aufzeigen kann. Das wiederum kann der Lehrer natürlich nicht wissen, außer er ist ganz aufmerksam. In der Pause steht das Kind oft allein in irgendeiner Ecke. Es steht da und knabbert an seinem Pausenbrot und wartet, bis die Pause vorbei ist. Es ist schwer für das Kind, zu sehen, wie die anderen Kinder spielen oder miteinander reden und es nicht dabei sein darf/kann. Es wird zum einen von den anderen allein gelassen, sondert sich aber auch selbst ab, zieht sich zurück. Es traut sich nicht, die anderen zu fragen, ob es mitspielen darf, weil es ja von vornherein davon ausgeht, dass es abgelehnt wird.

Das Kind hat meist schon im Kindergarten Schwierigkeiten, Anschluss zu finden, mit anderen Kindern Kontakt aufzunehmen. Es findet niemanden zum Spielen und bekommt den Eindruck, dass es nicht dazugehört. Wenn ein Kind im Kindergarten oder in der Grundschule keinen Anschluss findet, dann zieht sich das oft durch die ganze Schulzeit oder durchs ganze Leben, da sich beim Kind die Einstellung, nicht geliebt zu werden oder nicht dazuzugehören immer weiter verfestigt.

Das Kind hat meist nur gering entwickelte soziale Fähigkeiten, da es den richtigen Umgang mit den andern und sich selbst nie gelernt hat. Es fühlt sich unwohl oder ist sehr unruhig und unsicher, wenn es mit anderen Kindern oder Erwachsenen zusammen ist, weil es immer Angst hat und immer das Gefühl der Ablehnung da ist. Und da das Kind sehr unsicher ist, wird es auch oft nicht für voll genommen.

Das Kind ist in der Schule schutzlos und steht in der Abhängigkeit der Lehrer. Und gerade Kinder, die die Ur-Wunde in sich tragen werden oft von Lehrern unterrichtet, mit denen sie sich nicht verstehen, vor denen sie Angst haben, die sie nicht liebevoll behandeln. Und wenn sie mal Glück haben und einen guten Lehrer bekommen, dann

wird er ihnen meist schnell wieder weggenommen. Er wird z. B. versetzt oder muss
eine andere Klasse übernehmen oder aber
das Kind muss aus irgendeinem Grund die
Schule wechseln. Es zieht die Lehrer, unter
denen es leidet, förmlich an.

Schüchternheit ist die eine Richtung, in die
sich ein Kind mit der Ur-Wunde des Nichtgeliebtwerdens entwickeln kann. Es kann sich
aber auch in andere Richtungen entwickeln.
Das Kind will z. B. gesehen werden und tut
alles dafür. Es bietet allen seine Dienste an,
lässt sich freiwillig zum Tafeldienst einteilen
oder räumt im Sportunterricht freiwillig die
Bälle auf. Es hilft, wo es helfen kann. Dies
macht das Kind alles, um geliebt zu werden,
um Anschluss zu finden, um dabei sein zu
können. Und trotzdem erfährt es keine Liebe. Es wird dann oft nur ausgenutzt. Die
Mitschüler nehmen nur Kontakt zu dem Kind
auf, wenn es für sie von Nutzen ist, wenn sie
z. B. die Hausaufgaben von ihm abschrei-
ben können. Ansonsten wird es nicht beachtet.

Die Ur-Wunde kann sich auch in die Richtung auswirken, dass das Kind sich sehr

unruhig verhält und den Unterricht stört, den Klassenkasper spielt, aggressiv oder wütend ist. Auch dieses Kind will nur gesehen und gehört werden. Aufgrund seines Verhaltens wird es öfters für etwas beschuldigt, das es gar nicht getan hat. Und es wundert sich, warum die Schuld immer ihm gegeben wird. Überall ist es irgendwie mit hinein verwickelt. Es hat das Gefühl, dass es ungerecht behandelt wird und bekommt immer wieder die Bestätigung, dass es nicht geliebt wird, ausgeschlossen wird.

Wenn im Sportunterricht Gruppen gewählt werden, bleibt das Kind mit der Ur-Wunde meist übrig, weil es niemand in seiner Gruppe haben möchte. Je nachdem, welche Verhaltensweisen das Kind erlernt hat, zieht es sich noch mehr zurück oder aber wird aggressiv und fängt Schlägereien an, weil der Schmerz so groß ist.

Bei Geburtstagen wird es meist nicht eingeladen und Freunde hat es oft auch nicht. Es wird einfach nicht gefragt und selber traut es sich nicht, zu fragen, da es von vorn herein davon ausgeht, abgelehnt zu werden. In der Schule wird dieses Kind oft gehänselt, geärgert, gemobbt oder ausgelacht. Auch wenn es die Schule wechselt, gerät es in der neuen Schule nach kurzer Zeit wieder in dieselbe „Mühle".

Ein ungeliebt gefühltes Kind hat oft Ängste und Phobien in sich, z. B. Angst vor der Dunkelheit, Angst vor bestimmten Situationen. Es reagiert oft mit übertriebenen Emotionen und ist instabil. Es ist unruhig und ständig unter Anspannung, selbst wenn es sich nach außen ruhig zeigt. Oft ist es auch sehr steif und förmlich für sein Alter. Manche dieser Kinder sind auch sehr eigenwillig und gehen immer ihren eigenen Weg, der sich deutlich von dem der Eltern unterscheidet . Andere wiederum wollen ihren Eltern gefallen und machen das, was die Eltern wollen, auch wenn sie selbst etwas ganz anderes möchten.

...im Berufsleben

Wenn ein Kind sich während seiner Schulzeit wertlos und nicht liebenswert gefühlt hat
und dies auch immer wieder so erfahren hat,
dann überträgt es diese Einstellung auch ins
Berufsleben und wendet auch noch im Erwachsenenalter die Verhaltens- und Aus-
drucksweisen an, die es als Kind entwickelt
hat. Diese sind im Beruf aber hinderlich und
so kann es sein, dass der Ungeliebte auch
in seinem Berufsleben sehr leidet. Er macht
seine Arbeit meist sehr gewissenhaft. Oft
wird ihm mehr Arbeit aufgebürdet, wie er zu
leisten in der Lage ist. Er kann sich aber
nicht dagegen wehren.

Hat es ein Ungeliebter bis zur Chef-Position
oder einer Leitungsposition geschafft, dann
hat er dort oft kein Durchsetzungsvermögen,
ist zu gut zu den andern und lässt vieles
durchgehen, was er danach selber ausba-
den muss.

Ein Mensch mit der Ur-Wunde wird auch
sehr oft zum Mobbing-Opfer. Er ist geradezu
dafür prädestiniert. Er fühlt sich ja sowieso
schon als Opfer. Diese Opferhaltung ist

auch deutlich an seinem Gesichtsausdruck, seiner Körperhaltung, seinem Gang, seinem Verhalten und seiner Ausstrahlung erkennbar. So ist es ein Leichtes für die andern, ihn als Mobbing-Opfer auszuwählen, denn sie wissen schon zuvor, dass er es mit sich machen lässt.

Meist bleibt er dann trotz Mobbing in der Firma, weil er meint, das Mobbing erdulden zu müssen oder sich nicht traut, zu kündigen. Und so kann es sein, dass er irgendwann unter der Last zusammenbricht oder vielleicht gekündigt wird, weil er die gewünschte Leistung nicht mehr erbringen kann.

Nach einer Erholungsphase wird dann meist die nächste Arbeitsstelle angetreten. Doch dort ergeht es ihm genauso. Und an der dritten Arbeitsstelle ist es auch nicht besser, obwohl er alles macht, was von ihm verlangt wird. Er macht freiwillig Überstunden und hilft aus, wenn jemand krank ist. Er macht seine Arbeit wirklich gut. Eigentlich müsste er gewürdigt werden. Trotzdem bekommt er oft nicht einmal ein Lob. Aber das ist auch nicht möglich, weil in ihm unbewusst der

Gedanke ist, dass er nicht liebenswert ist und er und seine Arbeit daher auch nicht geschätzt werden. Seine Opferhaltung verstärkt sich immer mehr. Durch das in den vorherigen Firmen erfahrene Mobbing hat er ja eindeutige Beweise, dass er von allen abgelehnt, von allen ausgeschlossen und nicht geliebt, nicht wertgeschätzt wird, egal wie er sich anstrengt. Er gehört nicht dazu. Und so verhindert er, Verbindungen einzugehen.

Ein selbstbewusster Mensch hingegen wird nicht zum Mobbing-Opfer. Er wehrt sich. Er lässt es nicht zu, weil er sich selbst liebt und Selbstsicherheit ausstrahlt. Von daher wird es bei ihm auch meist gar nicht versucht.

...in der Partnerschaft

Ein Erwachsener, der als Kind nicht geliebt wurde oder das Gefühl hat, nicht geliebt worden zu sein, sehnt sich immer mehr nach Liebe. Wenn er dann z. B. Eltern sieht, die ihr Kind liebevoll in den Arm nehmen, dann löst das bei ihm Rührung aus, meist sogar Sehnsucht. Er ist ja vielleicht nie in den Arm genommen worden und er fragt sich, wie schön es wohl wäre, so geliebt zu werden und sich so geborgen zu fühlen. Er möchte das Gefühl auch erleben.

Dasselbe geschieht, wenn er zwei Erwachsene oder Jugendliche Händchen haltend sieht oder zusehen muss, wie sie küssend auf einer Parkbank oder sonst irgendwo stehen oder sitzen. Die Sehnsucht nach dieser Liebe wird immer größer und er wird immer unglücklicher. Der Schmerz wird immer größer, je länger er diesem Pärchen oder dieser Familie zuschaut. Er spürt den Schmerz auch deutlich in seinem Körper. Und dann tauchen in seinen Gedanken Sätze auf wie z. B.: „Wenn ich eine Partnerin hätte, dann wäre alles anders...." Er meint damit, dass eine Partnerin ihn glücklich und zufrieden machen würde. Und wenn er eine Partnerin gefunden hat, versucht er, ihr alles recht zu machen. Anfangs scheint in der Beziehung auch alles gut zu sein. Doch kurze Zeit später fängt der Ungeliebte an, sich zu sehr an seine Partnerin zu klammern. Er vernachlässigt sich oft selbst und macht nur noch das, was er denkt, dass die Partnerin möchte oder aber er legt sehr viel Wert auf sein Aussehen, damit seine Partnerin ihn liebt. Eine Frau schminkt sich z. B. manchmal übermäßig, um dem Partner zu gefallen.

Doch irgendwann ist es so weit, dass der Ungeliebte das Gefühl hat, dass die Beziehung nicht auf Dauer sein wird oder er kommt in Zweifel, ob die Partnerin ihn auch wirklich liebt. Er ist ja überhaupt nicht liebenswert und hat in seinen Augen auch keine Liebe verdient. So tut er alles, damit er nicht verlassen wird und doch ist die Angst da, dass die Partnerin ihm wieder weggenommen wird, ihn wieder verlässt. Das macht ihn eifersüchtig und er fängt an, die Partnerin zu kontrollieren, sie seiner Freiheit zu berauben. Irgendwann kann ihm die Partnerin auch nicht mehr das geben, was ihn glücklich macht. Dann geht das Kritisieren und Nörgeln los und er treibt damit die Partnerin weiter von sich weg.

Beendet die Partnerin dann die Beziehung, ist es für den ungeliebten Partner eine Bestätigung, dass er nicht liebenswert ist. Niemand ist mehr da, der ihm sein „Liebesloch" füllt. Manchmal beendet der Ungeliebte die Beziehung auch selbst, kommt der Partnerin zuvor, weil er der Meinung ist, dass die Partnerin die Beziehung beenden wird. Und das wäre sehr schlimm.

Der Mensch mit der Wunde des Ungeliebten denkt, dass er ohne die Partnerin nicht weiterleben kann. Und wenn die Partnerin wirklich Schluss macht, fällt er in ein tiefes Loch und manchmal geschieht es tatsächlich, dass er sich nach der Trennung selber das Leben nimmt oder zumindest versucht, sich das Leben zu nehmen, weil er keinen Sinn mehr sieht.

Es kann auch sein, dass er sich nach der Trennung gleich in die nächste Beziehung flüchtet, weil er nicht allein sein kann/will. Doch auch dort ergeht es ihm nicht anders. Er hat einen Hang zu ungesunden Beziehungen. Selbst wenn er von seiner Partnerin schlecht behandelt wird und ihm die Beziehung nicht guttut, hält er oft daran fest, weil er selbst nicht daran glaubt, etwas Besseres verdient zu haben.

Dasselbe trifft auch oft bei Freundschaften zu.

...in der Gesellschaft

Ein Mensch mit der Ur-Wunde des Nichtgeliebtwerdens ist in der Gesellschaft meist
schnell zu erkennen. Er steht oft abseits und
verhält sich irgendwie anders als die restli-
chen anwesenden Menschen. Manchmal
steht er auch mitten unter den Leuten oder
in einer Gruppe. Seine Einsamkeit inmitten
der Gemeinschaft ist mit einem guten Blick
trotzdem sofort erkennbar. Und dieses Ein-
samsein in der Gesellschaft ist oft schlimmer, als allein im stillen Kämmerchen zu
sitzen.

Solange er schüchtern, lieb und brav ist,
kann ihm nichts passieren. Etwas zu sagen
ist gefährlich, so denkt oder fühlt er. Er weiß
ja nicht, ob es den andern gefällt, was er
sagt, denkt oder macht. Deshalb sitzt er einfach nur da und sagt nichts – kann nichts
sagen. Wenn er doch etwas sagt oder
macht, wirkt er dabei sehr unsicher. Er **traut
sich auch oft nicht, einen anderen Menschen um einen Gefallen zu bitten. Er hat
Angst, zurückgewiesen zu werden.**

Es mangelt ihm an sozialer Eingebundenheit, dem Gefühl der Verbundenheit und Sicherheit. Die sozialen Kontakte, die er hat, reichen ihm nicht aus, um sich auszutauschen, gesehen und verstanden zu werden. In der Gemeinschaft empfindet er meist keine wirkliche Freude und kann sich nicht einbringen. Er weiß zwar vieles und könnte viel zu bestimmten Themen beitragen, aber er traut sich nicht, weil er Angst hat, abgewiesen zu werden, etwas Falsches zu sagen. Er hat auch das Gefühl, dass von ihm sowieso niemand etwas wissen möchte. Und das tut weh. Er sieht, wie die anderen sich vergnügen und selber kann er das nicht. Er ist in sich gefangen. Und das Mitansehen der Fröhlichkeit der anderen Menschen ist sehr schlimm für ihn. Er möchte am liebsten gehen, traut sich aber nicht.

Er steht da und kann niemanden ansprechen und selbst wenn ihn jemand anspricht, kommt von ihm kaum eine Gegenreaktion. Er ist nicht in der Lage, ein Gespräch zu führen, obwohl er das gut kann. Irgendwann wird er gar nicht mehr angesprochen, weil die anderen ihn schon kennen oder weil er ausstrahlt, dass er das eigentlich nicht

möchte. Natürlich möchte er es in Wirklich-
keit, aber da er meint, dass ihn niemand
mag und will, denkt er auch, dass er sowieso nicht angesprochen wird.

Oft verkneift er sich seine eigene Meinung,
um bei den anderen nicht anzuecken. Auch
damit schließt er sich selbst aus. Und wenn
er seine Meinung mal sagt, dann fühlt er
sich sofort unverstanden, weil die andern
vielleicht anders reagieren, als er erwartet
hat. Wenn er etwas in der Gruppe sagt, geht
ihm das noch lange durch den Kopf. Wenn
er danach wieder zuhause ist, sitzt er oft
noch lange da und überlegt, was er in der
Gruppe gesagt und getan hat. Er geht das
immer wieder und wieder durch, wiederholt
die Gespräche, oft mit lauter Stimme. Und
dann kommen die Vorwürfe: „Warum habe
ich das und das gesagt oder warum habe
ich nicht...?" Er denkt dann immer, dass er
etwas Falsches gesagt oder getan hat.

Er macht oft sehr viel, nur um geliebt zu
werden. Er opfert sich geradezu für die anderen auf. Er verbiegt sich und macht Dinge,
die er gar nicht machen möchte. Er will geliebt werden, sehnt sich so sehr nach Liebe.

Und er denkt, wenn er alles für anderen macht, wird er geliebt. Er kämpft um die Liebe, sein ganzes Leben lang. Er gibt alles auf, sogar sein Wesen, seinen Charakter. Er versucht, so zu sein, wie er denkt, dass die anderen ihn haben möchten. Er fühlt sich oft mit seinem Körper nicht verbunden, unterdrückt Gefühle oder vernachlässigt oder „verstümmelt" sich auf irgendeine Art, nur um zu einer Gruppe dazugehören zu können.

Trotzdem wird er nicht geliebt und seine Bemühungen werden immer wieder enttäuscht. Er wird auch immer mehr ausgenutzt. Das tut ihm weh und er versteht es nicht. Trotzdem hört er nicht auf, Liebe zu fordern, beklagt sich, dass ihn niemand anruft, niemand etwas mit ihm macht. Das macht auf Dauer unglücklich und so kann es sein, dass er in Depressionen fällt.

Manchmal fällt der Ungeliebte auch dem Alkohol oder Drogen zu Opfer, weil er meint, dort die Erfüllung zu bekommen.

…in der Familie

Ein Mensch mit der Ur-Wunde des Nichtgeliebtwerdens hat zwangsläufig immer das
Gefühl, dass die anderen mehr geliebt werden als er. Manchmal wird er dabei wütend
und aggressiv, aber meist zieht er sich zurück, wird ruhig, still und ungesehen.

Er hat z. B. als Kind das Gefühl, dass seine
Geschwister von den Eltern, Verwandten
usw. mehr geliebt werden als er. Wenn Ver-
wandtenbesuche anstehen, will er oft gar
nicht mehr mitgehen, weil er bei den Verwandten nur dasteht und die Tante oder der
Onkel sich nur mit seinen Geschwistern beschäftigt, aber nicht mit ihm. Zumindest hat
er dieses Gefühl. Das kann sich auch im
Laufe der Zeit entwickeln, weil das ungeliebt
gefühlte Kind traurig ist, sich selbst zurückzieht und gar nicht offen für die Verwandten
ist. Es trägt mit seinem Verhalten dazu bei,
dass es nur wenig beachtet wird.

Manchmal entwickelt sich dieses Kind auch
zum Kontrolleur, zum Petzer der Geschwister innerhalb der Familie. Es erhofft sich dadurch die Liebe der Eltern. Dabei erreicht es

aber nur, dass es von den Geschwistern gehasst und ausgeschlossen wird, was wiederum sein Gefühl bestätigt, nicht geliebt zu werden.

Es kommt auch mal vor, dass ein Geschwisterkind aus nicht ersichtlichen Gründen von seinen Geschwistern ausgeschlossen wird. Es hört dann Sätze wie: „Geh in die Küche, wir wollen dich hier nicht.", „Du störst!", „Zeitunglesen ist nichts für dich, das verstehst du nicht.", „Du darfst nicht mitspielen", „Das ist nichts für Mädchen." usw. Da ist es dann kein Wunder, dass sich das Kind in der Familie nicht geliebt fühlt und sich zurückzieht.

Manchmal wird ein Kind aus der Familie ausgeschlossen, weil es anders aussieht, eine andere Haar- oder Hautfarbe hat oder weil es dick ist und die anderen Mitglieder der Familie sind schlank.

In Familien mit mehreren kurz hintereinander geborenen Kindern wird auch oft ein Kind „übersehen", zu wenig beachtet und es fühlt sich dann ausgeschlossen. Es hat das Gefühl, nicht dazuzugehören. Es geht unter. Die Eltern und Geschwister merken das oft gar nicht.

Oft entwickelt sich ein Kind auch in eine andere Richtung und wird deshalb ausgeschlossen. Mit einem Kind, das zwar Familienmitglied ist, aber ganz andere Interessen als der Rest der Familie hat, können die andern oft nichts anfangen. Sie haben kein Verständnis dafür, dass es nicht das macht, was sie auch machen. Und so entsteht in dem Kind mit den anderen Interessen leicht das Gefühl, nicht in diese Familie zu gehören.

...auf das Selbstwertgefühl

Wer in der Kindheit zu wenig Zuneigung erfahren hat, tut sich oft ein Leben lang schwer, sich zu behaupten und sich wertzuschätzen. Er kann schlecht Grenzen setzen und nicht nein sagen, wenn er etwas nicht möchte.

Er fühlt sich schuldig, wenn er an sich selbst denkt, wenn er etwas für sich tun oder kaufen möchte. Er bekommt sofort ein schlechtes Gewissen, wenn er seine eigenen Bedürfnisse und Interessen anmeldet. Deshalb lässt er den anderen den Vortritt und steckt selbst zurück.

Wer als Kind immer wieder geschimpft und geschlagen wird, glaubt fälschlicherweise, dass er böse ist und besser werden müsste. Er fühlt sich nicht gut genug und sein Selbstwert leidet. Ein Kind liebt seine Eltern, auch wenn sie es schlagen, aber es hört auf, sich selbst zu lieben. Das zieht sich durch das Kindes- und Jugendalter bis ins Erwachsenenalter. Man ist sich nichts wert.

Wenn jemand sich nicht liebt, vernachlässigt er sich oft auf unterschiedliche Arten und schließt sich so in der Beziehung zu sich selbst aus. Manchmal pflegt er sich auch nicht, achtet nicht auf seine Gesundheit. Ist ja auch nicht verwunderlich, er ist sich ja nichts wert.

Wenn er sich nicht schön genug findet, nicht attraktiv genug, nicht schlank genug, mindert das weiter seinen Selbstwert. Es kann dann sein, dass er sich äußerlich gut darstellt, sich schminkt und gut kleidet, um sein geringes Selbstwertgefühl zu überdecken, damit es andere nicht merken.

Es kommt vor, dass er sich selbst schlägt, vor allem, wenn er als Kind geschlagen wurde. Er macht sich Vorwürfe statt liebevoll zu sich zu sein. Von ihm hört man oft den Satz: „Für mich tut es das schon!" Er gibt sich immer mit etwas Minderem zufrieden.

Aufgrund fehlender Selbstliebe, klammert er sich oft an andere Menschen wie ein Blutsauger. Er will von Ihnen die Liebe ersetzt bekommen, die er sich selbst nicht gibt.

...auf die Gefühle

Ein Mensch mit der Ur-Wunde des Nichtgeliebtwerdens fühlt sich nicht verbunden. Und dies führt oft zum Scheitern, zu Hilflosigkeit, Erschöpfung und Einsamkeit, zu Unsicherheit und Selbstzweifel in Beziehungen und sozialen Situationen. Er ist oft einsam, hat das Gefühl, verraten und ausgestoßen worden zu sein. Es können auch Gefühle wie Wut, Gehässigkeit und Verzweiflung in ihm ausgelöst werden.

Wenn er eine Absage bekommt, z. B. zu einem Date oder einer Bewerbung, dann fühlt er sich gleich abgelehnt, nicht geliebt und bezieht es sofort auf seine Person. Er meint dann, dass die anderen mehr wert haben, weil die kommen dürfen oder eingestellt werden. Aber ihn will ja niemand. Wenn jemand das Gefühl hat, von niemanden geliebt zu werden und von allen abgelehnt zu werden, nicht dabei sein zu dürfen, dann vereinsamt er mit der Zeit. Und wenn jemand einsam ist, dann fühlt er sich allein und verloren, auch wenn er zu zweit oder in der Gruppe ist. Er fühlt sich sofort einsam, wenn er allein ist und bezieht diesen Zustand immer auf sich. Er denkt, dass er allein ist, weil ihn niemand mag und niemand mit ihm zusammen sein möchte. Er fühlt sich in seiner Einsamkeit gefangen und isoliert sich im Schmerz. Er sitzt dann im Zimmer, depressiv, vereinsamt und traurig. Manchmal sitzt er nur da und starrt an die Decke. Und dabei denkt er oft an die Menschen, die Freude haben, die unterwegs sind und je mehr er an andere Menschen denkt, desto vereinsamter wird er. Er fühlt sich von allen vergessen und er hat das Gefühl, dass er der einzige Mensch ist, der allein ist. Er spürt eine große Leere in sich. Aus dieser inneren Einsamkeit entstehen oft Depressionen.

Manchmal findet er auch jemanden und hat Anschluss, wird dann aber bei bestimmten Aktivitäten wieder ausgeschlossen. Zumindest denkt er das und fühlt sich so. Er bedenkt aber nicht, dass er den andern vielleicht mitteilen sollte, dass er gerne mit dabei sein möchte. Die andern können das ja nicht wissen. Er sitzt da und „spielt" den armen Ausgeschlossenen.

Vielleicht wird er auch geliebt und hat nur das Gefühl, nicht geliebt zu werden. Vielleicht wird er auf eine andere Art geliebt. Und dann fühlt sich das anders an oder man kann es gar nicht spüren.

Er hat auch meist das Gefühl, keine Daseinsberechtigung zu haben. Deshalb versucht der Betroffene, es allen recht zu machen und vergisst sich dabei selbst. Das ist sehr schmerzhaft.

Manchmal wird ein Mensch mit dieser Ur-Wunde auch eingeladen, z. B. zu einer Hochzeit. Doch genau an diesem Tag wird er krank oder irgendetwas kommt dazwischen, so dass er nicht zur Hochzeit gehen kann. Dasselbe kann passieren, wenn er sich etwas Gutes tun will, für sich sorgen möchte. Auch dann wird er krank oder passiert ihm etwas. Er sabotiert sich selbst und merkt es gar nicht.

Oft verhält er sich bei den ersten Begegnungen mit einem Menschen ganz normal. Und plötzlich, oder auch bei der nächsten Begegnung, ändert er – ohne für den anderen ersichtlichen Grund – sein Verhalten. Er ist dann plötzlich schüchtern und zieht sich zurück, ist nicht mehr offen, nicht mehr zugänglich. Das hat zur Folge, dass die andere Person sich dann auch zurückzieht und sich nicht mehr um ihn bemüht.

Ein Mensch mit der Ur-Wunde hat meist Schwierigkeiten, sich zu öffnen. Wenn man ihm zu nahekommt, zieht er sich noch mehr zurück, denn wenn sich jemand für ihn interessiert, wird er misstrauisch. Er ist oft sehr ängstlich und hat Probleme, andern zu vertrauen.

Er hat große Angst vor Zurückweisung. Auf andere zuzugehen macht ihm Schwierigkeiten. Das führt ja doch nur zu Ablehnung und die wiederum zu Enttäuschung.

Er fühlt sich einsam und isoliert. Er denkt, dass es niemanden gibt, dem er wichtig ist, am Herzen liegt oder dem er sich anvertrauen kann.

Oft kommt es soweit, dass er nach und nach alle Gefühle abstellt und oft merkt er gar nicht, dass er keine Gefühle mehr hat. Das kommt dann oft erst in der Therapie auf.

Ostern, Weihnachten und Silvester, das sind die Tage im Jahr, an denen er normalerweise die schlimmsten Stunden erlebt. Er weiß, dass die anderen Menschen mit ihren Liebsten oder ihren Freunden zusammen sind und feiern. Er möchte auch gern mit jemanden feiern, aber ihn hat niemand eingeladen, niemand hat ihn gefragt, ob er kommen möchte.

Nun sitzt er alleine zu Hause. Das tut weh und macht traurig! Der Betroffene ist verletzt und kommt aus dem Schmerz gar nicht mehr raus. Und jedes Jahr wird es noch schlimmer. Deshalb geschehen auch an diesen Tagen die meisten Selbstmorde.

Die Heilung von der

Ur-Wunde des

Nichtgeliebstseins

Die ersten beiden Teile dieses Buches habe ich in der dritten Person geschrieben. In diesem dritten Teil spreche ich den Leser direkt an. Ich benutze dazu die „Du"-Form, weil diese Anredeform normalerweise beim Leser am tiefsten geht. Durch die Du-Anrede wird das Gesagte bzw. Geschriebene wesentlich besser aufgenommen und verstanden.

Was kannst du tun, um deine Wunde zu heilen?

Schau die Ur-Wunde an

Die Wunde des Nichtgeliebtwerdens ist die Ursache eines Mangels an Urvertrauen. Wenn du diese Wunde in dir trägst, dir dessen nicht bewusst bist oder nichts für die Heilung unternimmst, überlebt die Wunde, d. h. sie besteht dein ganzes Leben lang fort und dringt immer wieder in dein Sein, wirkt sich immer wieder in deinem Leben aus.

Der erste Schritt der Heilung besteht deshalb darin, dir bewusst zu werden, dass du diese Wunde in dir trägst, zu erkennen, dass ein Programm abläuft. Es ist nicht wichtig, zu Beginn gleich alles erklären und deuten zu können. Aber es ist wichtig, die Fehlprogrammierung wahrzunehmen und dich der Wunde zuzuwenden, sie näher anzuschauen. Du kannst den Schmerz auflösen, indem du dich den Emotionen stellst, denen du bisher ausgewichen bist und die der Tatsache des Nichtgeliebtwerdens entsprechen.

Sie müssen aus der Starre befreit werden. Dann kannst du ganz in dein Sein kommen, dich kennenlernen, wie du wirklich bist. Du kennst ja bisher nur das, was aus dir gemacht wurde.

Um diesen Prozess zu durchlaufen, ist es meist sinnvoll, die Hilfe eines geeigneten Therapeuten oder guten Freundes in Anspruch zu nehmen, zumindest in den schwierigen Phasen. Da ist es gut, jemanden zur Hand zu haben, der dich unterstützt oder einfach für dich da ist, wenn du ihn brauchst. Du kannst aber auch sehr viel alleine machen.

Erkenne die Triggerpunkte

Der Ur-Schmerz der Wunde des Nichtgeliebtwerdens sitzt sehr tief. Er ist so weit in
dir unterdrückt und verdrängt, dass du dich
vermutlich gar nicht mehr an ihn erinnern
kannst. Doch alle Enttäuschungen, bei denen ähnliches vorgefallen ist, alle Konflikte,
jede Zurückweisung und jede Ablehnung, all
die Schmerzen, die im Laufe deines Lebens
im zwischenmenschlichen Bereich geschehen sind, rühren im Erleben an diesen Ur-
Schmerz, der dich damals als kleines Kind,
als Baby oder Embryo erschütterte. Du wirst
an das Gefühl, welches du damals erlebt
hast, erinnert.

Immer wieder in deinem Leben begegnen
dir Menschen, die dieses Gefühl in dir aus-
lösen. Sie drücken bei dir die sogenannten
Triggerpunkte, d. h., sie treffen durch das,
was sie sagen oder tun den wunden Punkt
in dir, berühren deine Ur-Wunde. Das erkennst du daran, dass du auf bestimmte
Kommentare oder Situationen besonders
intensiv reagierst. Du reagierst überpropor-
tional emotional. Deine starken Emotionen

blockieren deine rationale Wahrnehmung. In diesem Zustand kannst du kaum noch klar sehen und denken, weil viel Altes mitspielt. Du bist nicht mehr im Hier und Jetzt und reagierst seltsam, der Situation völlig unangemessen. Du verstehst selbst nicht, warum z. B. der Satz, den eine Person gesagt hat oder die Handlung, die sie gemacht hat, oder auch ein bestimmter Duft, dich so sehr verletzt hat.

Wenn dich etwas triggert, dann bereitet dir nicht die aktuelle Situation den großen Schmerz, sondern die Erinnerung an den Ur-Schmerz. Die schmerzvolle Gefühlsentladung, die sich auf verschiedene Weise äußern kann, das emotionale Überreagieren bzw. das sich getriggert fühlen, welches sich in deiner aktuellen zwischenmenschlichen Beziehung zeigt, ist in dir drin identisch zu der Situation von damals. Der Mensch, der dich z. B. durch einen bestimmten Satz verletzt, ist ein Stellvertreter für den Menschen, der damals diese Gefühle in dir ausgelöst hat. Er ist ein Spiegel. Du reagierst dann nicht wirklich auf das bestehende Problem, sondern auf die schlimme Erfahrung aus deiner Kindheit.

Außenstehende verstehen deine nicht an-
gemessene starke Reaktion oft gar nicht,
weil sie nicht wissen, dass du die Ur-Wunde
in dir trägst und diese bei den aktuellen Ge-
schehnissen mitschwingt und so das gerade
aktuelle Ereignis zu einem Trigger macht, so
dass du es mit den Emotionen des Ur-
Schmerzes von damals erlebst.

Und solange du immer wieder diesen
Schmerz erleidest, ist die Ur-Wunde noch
nicht geheilt. Wenn du aber den Schmerz in
der Vergangenheit lassen kannst und nur
die Erinnerung mitnimmst, dann kann die
Wunde heilen, dann kann aus der Wunde
eine Narbe werden, aus dem Schmerz eine
Erinnerung, die nicht mehr weh tut. Und
dann lässt sie sich auch nicht mehr triggern.

Beziehe den Körper mit ein

Damals, als dir die Wunde des Nichtgeliebtwerdens zugefügt wurde, konntest du vermutlich noch nicht sprechen, also war Sprache noch kein Ausdrucksmittel, mit dem du
dein damaliges Leid hättest kundtun können. Deshalb kannst du vielleicht auch jetzt
mit Worten nicht sagen, was dir als Embryo
oder Säugling zugestoßen ist, das heißt, du
kannst mit einer rein auf Gesprächen basier-
ten Therapie die Wunde nicht heilen. Erst
wenn die sprachlose Wurzel sich ausdrü-
cken kann, können Gespräche Sinn geben.
Wenn dies nicht erkannt wird, führt das oft
zu Endlos-Analysen oder verbitterten Abbrü-
chen der Therapie, bevor der ersehnte
Durchbruch erfolgt ist.

Bei einem Trauma entsteht Stress und die
mit dem Trauma verbundenen Stressreak-
tionen können zu chronischem Stress führen, wenn zum Zeitpunkt der traumatischen
Erfahrung nicht ausreichend Ressourcen zur
Verfügung stehen. So führt auch die Wunde
des Nichtgeliebtwerdens meist zu langan-
haltendem, chronischen Stress im Leben.

Und meistens geht dabei deine Körperwahrnehmung verloren, weil der Körper der Ort der Schmerzen und unangenehmen Gefühle ist. Wichtig ist nun, deinen Körper wieder fühlen zu können, wieder wahrzunehmen, ohne dabei Angst zu bekommen. Es geht darum, dich mit deinem Körper wieder anzufreunden und zu erkennen, dass nicht alles dem Körper weh tut oder mit Angst besetzt ist. Danach ist es wichtig, die Grenzen wiederherzustellen, die verletzt wurden. Und danach bist du in der Lage, wieder das zu sagen, was du sagen willst oder auch dich zu verteidigen, etc.

Bei der Wunde des Ungeliebten oder einem anderen Trauma erstarrt oft der Körper, wenn der Person jemand zu nahe kommt. Vielleicht kennst du das auch. Deshalb ist es wichtig, mit dem Körper zu arbeiten und ihm wieder die passenden Gefühle zu geben. Bei einer Traumatisierung friert oft der Orientierungsreflex ein und der Nacken und die Schultermuskeln werden fest, was dann zu chronischen Verspannungen führt, die sich vom Physiotherapeuten zwar meist lockern lassen, aber nach sehr kurzer Zeit wieder da sind. Der Physiotherapeut kann sie nicht dauerhaft lösen, weil der Schock von damals dort festgehalten wird. Die festgehaltene Schockenergie muss wieder aus dem Körper raus. Dabei ist es wichtig, dass du auf der Körperebene bleibst und nicht in die alten Gefühle kippst. Du brauchst es nicht noch einmal fühlen. Der Körper trägt alle wichtigen Informationen in sich, auch die, die dir nicht mehr bewusst sind.

Bei der Körpertherapie verarbeitet der Körper das Trauma, nicht der Kopf. Ein Trauma ist erst vollständig bearbeitet, wenn alle Reflexe wieder zur Verfügung stehen. Danach kannst du deinen Körper wieder annehmen und mit einem guten Gefühl verbinden. Du schöpfst wieder Vertrauen in deinen Körper, sodass dein Körpergefühl nicht mehr mit Schmerzen und Angst verbunden ist. Für die Abreaktion brauchst du ein angenehmes Umfeld.

Solange deine Wunde, dein Trauma, nicht verarbeitet ist, denkst du immer noch, dass deine Lebenssituation unsicher oder gar lebensgefährlich ist, obwohl das gar nicht mehr der Fall ist. Wenn dir die Wunde z. B. von deinem Vater durch Gewalt zugefügt wurde, dann warst du als Kind den Schlägen vollkommen ausgeliefert. Um zu überleben, musstest du dich „tot stellen". Dadurch sind deine körperlichen und psychischen Empfindungen abgespalten worden. Und deshalb gehst du auch im Erwachsenenalter von einer Bedrohung in deinem Leben aus, wenn du z. B. Kontakt zu einem Mann hast, der Parallelen zu deinem Vater aufweist. Und dann werden die entsprechenden Mechanismen wieder ausgelöst. Damit dies aufhört, musst du dich der Wunde zuwenden und die entsprechenden Speicherungen im Körper lösen. Und je mehr du dich dabei in Sicherheit fühlst, desto besser und schneller kann die Wunde heilen.

Um in einen Zustand der Sicherheit zu gelangen, gibt es verschiedene Methoden. Eine davon ist das Arbeiten mit dem Vagusnerv. Der Vagus-Nerv spielt die Hauptrolle für unsere körperliche und seelische Gesundheit. Durch dessen Aktivierung können sich viele Blockaden lösen und du und dein Körper können wieder in einen Zustand der Entspannung und Ruhe kommen. So kannst du zu einem Gefühl der Sicherheit zurückkehren. Je sicherer und verbundener du dich fühlst, desto deutlicher ist deine Kommunikation, deine Empathie und deine Sprache, auch die Körpersprache.

Der Vagus-Nerv bringt Psyche und Körper ins Gleichgewicht. Durch die Stärkung des Vagusnerves förderst du die Regulationsfähigkeit deines Nervensystems und kannst gesündere Verbindungen zu anderen Menschen aufbauen. Und dies wiederum wirkt sich auf die Heilung deiner Wunde aus. Dein Gehirn kann lernen, dass im Hier und Jetzt keine Gefahr mehr besteht. Und wenn du ganz präsent bist, ganz im Hier und Jetzt, ganz bei dir, dann kann die Wunde des Ungeliebten heilen. Der Vagusnerv lässt sich auf verschiedene Arten stimulieren. In You-Tube findest du einige Aktivierungsmöglichkeiten oder auch in dem Buch „Der Selbstheilungsnerv" von Stanley Rosenberg.

Es gibt auch Körpertherapien, bei denen es den Klienten schüttelt. Er zittert, obwohl er nicht friert. Dabei werden Blockaden gelöst. Du kannst auch selbst eine Schüttel-Massage durchführen, um deinen Stress im Körper zu reduzieren und wieder entspannter zu sein, zum Ausgleich zu kommen. Die Schüttel-Massage ist eine Selbstmassage, die nachhaltig von innen nach außen wirkt und sehr gut für die Entspannung ist. Du kannst dabei alle Lasten abschütteln. Auch hierzu findest du Videos auf YouTube.

Es gibt noch viel mehr Methoden als diejenigen, die ich hier aufgeführt habe. Ich möchte es aber dabei belassen. Bei jedem Menschen hilft etwas anderes. Deshalb ist es wichtig, dass du dir verschiedene Methoden anschaust und dann die auswählst, die dir am besten zusagt, die bei dir am besten wirkt. Hab keine Scheu, den Arzt oder Therapeuten zu wechseln, wenn du merkst, dass du nicht weiterkommst.

Durchschaue den Mechanismus

Du bist nun erwachsen und als Erwachsener kannst du den Mechanismus durchschauen. Du wirst merken, dass du konditioniert wurdest und nun ein konditionierter Mensch bist. Deshalb konntest du kaum Ich-Bewusstsein entwickeln und weißt nicht, wer du wirklich bist. Du hast überlebt, bist aber innerlich leer. Doch nun kannst du dem Ursprung deines Verhaltens nachgehen. Die Ur-Wunde kannst du durch die eigene Wahrnehmung heilen.

Wenn du eine körperliche Wunde hast, drückst du zuerst deinen Schmerz aus und wenn du dich dann beruhigt hast, reinigst du die Wunde und heilst sie mit entsprechenden Hilfsmitteln wie z. B. einer Salbe. Du kümmerst dich um die Wunde. Du gibst eine Zeit lang acht auf die Wunde, bis sie verheilt ist und schaust, dass sie nicht immer wieder aufgerissen wird. Warum gehst du bei deinen emotionalen Wunden nicht auf dieselbe Weise vor? Emotionen, Gefühle, Gedanken und Handlungsweisen, die in verschiedenen schmerzlichen Momenten deines Lebens in dir entstanden sind und die du noch nicht überwunden oder akzeptiert hast, haben dich zum Gefangenen deiner Gefühle und Emotionen gemacht. Wenn du nun diese umwandelst und aus diesen Denkweisen Weisheit und Erfahrung machst, fühlst du dich wieder wohl. Sie dienen dir dann als Impuls, dich selbst zu heilen.

Erkenne die Überlebensstrategien

Während eines traumatischen Ereignisses musst du dein Überleben sichern. Deshalb reagiert dein autonomes Nervensystem schnell und instinktiv und sichert in dir das Gefühl, die Situation zu überleben.

Wenn du als Baby ein Bedürfnis, z. B. Hunger verspürt hast oder wenn du verlassen wurdest, dann hast du zuerst gequengelt, bist dann lauter geworden und hast schließlich heftig geschrien. Wenn du damit keinen Erfolg gehabt hast und das nicht bekommen hast, was dein Bedürfnis war, also alle deine Bemühungen umsonst waren, dann hattest du keine Möglichkeit, dich zu regulieren, d. h. du konntest nicht aufstehen und dir holen, was du gebraucht hast. Du konntest nicht wegspringen, wenn du großer Gefahr ausgesetzt warst. Wenn du z. B. nichts zu essen bekommst, kannst du jetzt als Erwachsener etwas dagegen tun, damit du nicht verhungerst. Als Baby konntest du das nicht. Wenn es zu kalt ist, fehlt dir das Grundbedürfnis Wärme und du erfrierst, wenn du nichts unternimmst. Genauso brauchst du aber auch Liebe und Bindung. Gerade als Säugling ist das für dich überlebensnotwendig. Ein Säugling stirbt, wenn er nur körperlich versorgt wird, aber keine emotionale Zuwendung bekommt. Deshalb greift beim Baby bei großen Gefahren der Parasympathikus ein und versucht, den Schmerz/Stress zu regulieren. Du hast also als Baby innerlich aufgegeben und begonnen, dich über ungesunde Überlebensstrategien anzupassen.

Überlebensstrategien sind kreative Lösungen, um auf schwierige Situationen zu antworten. Sie sind in dem Moment, in dem sie entwickelt werden, überlebensnotwendig. Denn nicht nur dein Körper will überleben, sondern auch deine Seele. Du hast dir vielleicht die Überlebensstrategie gewählt, dass du ruhiger und genügsamer wirst und nur das nimmst, was du auch angeboten bekommst. Das hat sich im Kindesalter fortgesetzt und vielleicht kannst du noch heutzutage bei Tisch nur das nehmen, was dir angeboten wird und dich nicht selbst bedienen.

Die gesunde Wut blieb bei dir als Kind aus und du hast angefangen, dich selbst zu entwerten. Dein angeborener Kämpfergeist hat angefangen zu verkümmern und langfristig hat das bei dir vielleicht zu Isolation, Angst- und Panik, Schuldgefühlen, mangelndes Vertrauen, gestörte Beziehungsmuster, **Selbsthass,** selbstzerstörerische und selbstentwertende Gedanken- und Verhaltensmuster geführt.

Dasselbe passiert, wenn du z. B. als Kind geschlagen wurdest. Du hast dann erfahren, dass Beziehung etwas ist, auf das du keinen Einfluss nehmen kannst. Wenn du dich als Kind viel anpassen musstest, hast du Beziehung als etwas erlebt, dass du über dich ergehen lassen musstest, etwas, was du nicht mitgestalten kannst. Du hattest keine Möglichkeit, dich zu wehren, also musste wieder der Sympathikus eingreifen. Als Überlebensstrategie hast du deine Gefühle abgestellt und hast dich angepasst. Und wenn die Gefühle lange nicht zugelassen werden dürfen, sind sie „tot". Du spürst sie nicht mehr. Die Überlebensstrategie Flucht (wo noch Bewegung drin war und du dich spüren konntest) hat sich bei dir vielleicht in die Überlebensstrategie Erstarrung umgewandelt, wo gar keine Bewegung mehr möglich war und du nichts mehr spüren konntest und so hast du deine Gefühle verloren. Für dich war gar nichts mehr spüren damals besser als z. B. wütend zu sein und sich dabei schlecht und wertlos zu fühlen, geschlagen zu werden.

Genauso ist es, wenn du z. B. nie deine eigene Meinung sagen durftest. Wenn das immer wieder geschehen ist, dann hast du aufgehört, dir eine eigene Meinung zu bilden und hast einfach die Meinung der anderen akzeptiert und sie du deiner gemacht. Irgendwann warst du gar nicht mehr in der Lage, dir eine eigene Meinung zu bilden.

Wenn dir als Kind Zuwendung und Aufmerksamkeit verweigert wurde, dann hast du einiges dafür getan, um dich wenigstens ein bisschen geliebt zu fühlen. Du hast z. B. alle Wünsche deiner Eltern erfüllt, warst ständig lieb und angepasst. Aber vielleicht hast du gemerkt, dass das nichts nützt und bist in die andere Richtung gegangen. Du bist aufmüpfig und aggressiv geworden, um dich bemerkbar zu machen. All diese Versuche und das daraus entstehende Denken, Fühlen und Verhalten sind Überlebensstrategien.

Die ganze Welt wurde für dich als Kind zu einem unsicheren Ort. Deshalb brauchtest du die Überlebensstrategien. Doch später reagiert das autonome Nervensystem mit denselben Reaktionen auch in Situationen, die nur an das traumatische Ereignis erinnern. Das kann z. B. ein Duft, ein Wort, ein Geräusch, eine Bewegung oder Mimik deines Gegenübers sein, welches du unbewusst in Verbindung mit dem traumatischen Ereignis von damals bringst. Dir ist es nicht möglich, die entsprechenden Informationen aufzunehmen und emotional sowie rational im Großhirn zu verarbeiten, um sie abzuwägen und zu einer ausgewogenen Reaktion zu kommen. Vor allem, wenn du wiederholt Hilflosigkeit in Gefahrensituationen erlebt hast, also traumatisiert wurdest, reagiert dein autonomes Nervensystem heute noch mit Überlebensstrategien in Situationen, die an die damalige Gefahr erinnert.

Mit jeder Überlebensstrategie sind unerfüllte Bedürfnisse, Konflikte, Glaubenssätze, Ängste, Spannungsmuster, Atemmuster, etc.

verbunden. Nichtgeliebte flüchten oft in das Gefühl, nicht existieren zu dürfen. Vielleicht ergeht es dir auch so. Das äußert sich dann oft in verschiedenen Ängsten oder Krankheiten. Du hältst dich dann für wertlos und möchtest unsichtbar sein. Wenn du dich damals unsichtbar gemacht hast, war das notwendig, weil es dann nicht gefährlich für dich war, weil du dann z. B. nicht geschlagen wurdest. Du hattest keine andere Möglichkeit, dir zu helfen. Vielleicht hast du als Kind plötzlich aufgehört zu sprechen oder nur in bestimmten Situationen gesprochen. Solange du nicht sprichst, kannst du nichts Falsches sagen und nicht bestraft werden. Es ist wichtig, zu erkennen, dass all das Überlebensstrategien sind, die du dir in der Kindheit zugelegt hast. Und du hast sie damals entwickelt, weil dir das Grundbedürfnis nach Liebe, welches damals überlebensnotwendig war, gefehlt hat.

Wenn du z. B. das Bedürfnis nach Liebe und Gesehen-werden gehabt hast, dieses Bedürfnis von deinen Eltern aber nicht erfüllt werden konnte, dann hat sich in dir ein innerer Konflikt entwickelt. Als Kind willst oder musst du die Bindung zu deinen Eltern aufrechterhalten, auch wenn du keine Liebe bekommst. Um die Bindung nicht zu gefährden, hast du das Bedürfnis nach Liebe unterdrückt. Das war deine kreative Lösung, deine Überlebensstrategie, die dir damals zum Überleben geholfen hat. Im Erwachsenenalter hast du dieses Überlebensmuster fortgesetzt und noch weiter ausgebaut. Du hast es auf die Umwelt, auf Freunde, Kollegen oder Partner übertragen. Vielleicht hast du auch ein Haustier, um dieses Grundbedürfnis stillen zu können. Du hast versucht, das Grundbedürfnis durch andere zu stillen. Doch in den meisten Fällen funktioniert das nicht, weil du eine Abhängigkeit entwickelst.

Bei jeder Überlebensstrategie hast du Gefühle abgespaltet und sie verleugnet. Stattdessen hast du künstliche Emotionen erzeugt, also erlernte und anerzogene Programme, die sich in deinem Unterbewusstsein festgesetzt haben und bestimmen, wie du auf eine Situation reagieren sollst und deshalb reagierst du nicht authentisch auf die jetzigen Situationen. Das können z.B. auch Schweigegelübde von früher sein. Deine Sprache versagt dann z. B., wenn du das Gefühl hast, etwas sagen zu wollen und dir fehlen plötzlich die Worte oder es schnürt dir die Kehle zu. Das Unterbewusstsein meldet eine tiefe Angst, eine Blockade vor der Wahrheit und unterdrückt die Sprache.

So hast du im Laufe des Lebens viele Überlebensstrategien entwickelt, um die Ur-Wunde des Nichtgeliebtwerdens zu verbergen und dich zu schützen. Einerseits haben diese Überlebensstrategien dein Überleben gesichert, doch andererseits hindern sie dich auch am Leben, weil sie an das unbewältigte Trauma und den damit verbundenen Stress gebunden sind. Du fühlst dich immer noch genauso ausgeliefert wie als Kind und handelst auch genauso. Daraus entstehen körperliche und seelische Beschwerden und Blockaden. Sie sind die Folge dieser alten, überholten, oft kindlichen Bewältigungsstrategien. Die Krankheit entsteht dann daraus, dass du versuchst, den Herausforderungen des Lebens mit den bisher erlernten Strategien zu begegnen, die jedoch veraltet und nicht mehr passend sind und deshalb auch nicht das gewünschte Ergebnis erzielen. Auch die Strategien, die du dir im weiteren Leben zurechtgelegt hast, bereiten dir Probleme und führen zu ungewöhnlichen Verhaltensweisen, welche die anderen Menschen und auch oft du selbst nicht verstehen können.

Jetzt ist es an der Zeit, die alten Strategien zu überdenken und neue zu lernen, damit du dich wieder gesund und gut fühlen kannst. Du brauchst die Überlebensstrategien nicht mehr, du kannst dich jetzt anders wehren. Wenn du z. B. als Kind Schläge eingesteckt hast, dann hast du deine Eltern trotzdem umarmt, weil die Bindung zu deinen existentiellen Bedürfnissen gehört hat. Doch jetzt musst du keine Schläge mehr einstecken. Dir stehen bessere Strategien zur Verfügung als in den Kindertagen. Du kannst z. B. rechtzeitig aus der Situation herausgehen, dich wehren oder evtl. die Polizei rufen.

Um Klarheit über deine angelegten Überlebensstrategien zu erlangen, ist es hilfreich, dich mit deinen verinnerlichten Mustern und Erlebnissen aus deiner Kindheit auseinanderzusetzen. Du kannst dich bewusst dafür entscheiden, dich von den alten Überlebensstrategien zu lösen. Werde dir bewusst, dass die traumatischen Ereignisse schon

lange vorbei sind und schaffe dir eine gesunde innere Distanz dazu. Geh in Kontakt
mit dir selbst, nimm deine wirklichen Bedürfnisse und deine Autonomie wahr. Du hast
das Recht, existieren zu dürfen. Du darfst
leben und du darfst Freunde haben und
dich am Leben erfreuen. Du darfst da sein
und deinen Raum einnehmen. Komm in
deine Kraft!

Erkenne die Glaubenssätze

Bedingt durch die Ur-Wunde kommst du nicht wirklich mit Menschen, die dich lieben in Kontakt, weil du Angst hast, wieder ins Leere zu laufen. Und du kommst auch mit dir selbst nicht in Kontakt, da auch dies bedrohlich oder unerreichbar erscheint. Und so hast du Glaubenssätze entwickelt wie z. B. „Ich bin nicht erwünscht." „Ich gehöre nicht dazu." „Ich bin für andere eine Last." Dein heutiges Denken, Fühlen und Verhalten ist das Ergebnis eines Überlebensmechanismus.

Die Glaubenssätze, die du dir zugelegt hast, sind meist unbewusst in dir drin und entfalten im außen ihre Wirkung. Wenn du z. B. als Kind eine Lehrerin hattest, von der du dich geliebt und verstanden gefühlt hast, diese aber nach kurzer Zeit versetzt wurde und du danach einen Lehrer bekamst, der dich schlecht behandelt hat, dann ist das erst mal nur eine Enttäuschung. Wenn du aber immer wieder Pech mit den Lehrern gehabt hast und später auch mit den Chefs, dann hat das nichts mit Enttäuschung oder

Pech zu tun. In diesem Fall ist in dir ein Glaubenssatz, der sich immer wieder verwirklicht, z. B.: „Ich bin es nicht wert, geliebt und gut behandelt zu werden." Und mit diesem Glaubenssatz in dir musste die Lehrerin, die dich geliebt hat, versetzt werden, ansonsten hätte der Satz sich nicht erfüllen können.

Vielleicht hast du in der Schule in einem Fach immer eine fünf geschrieben, egal, wie viel du gelernt hast. Du hattest den Glaubenssatz „Ich schreibe sowieso wieder eine fünf." in dir und dann hat sich das auch erfüllt.

Wenn du immer sofort eine Erkältung bekommst, wenn du kurz ohne Jacke draußen bist, dann hast du auch einen Glaubenssatz in dir. Vielleicht hat deine Mutter als Kind zu dir gesagt: „Zieh eine Jacke an, sonst wirst du krank."

Und wenn du den Glaubenssatz „Mich mag keiner. Ich werde überall abgelehnt" in dir hast, den du aufgrund deiner damaligen Situation gebildet hast, dann wirst du das auch immer wieder so erleben, so lange, bis du den Satz auflöst.

Wenn du dich also immer zurückziehst, dich anpasst und immer den anderen den Vortritt lässt oder immer abgelehnt wirst, etc, liegt das nicht an deinem eigentlichen Wesen. Es passiert so, weil deine Geschichte das mit dir gemacht hat und die Glaubenssätze und das Verhalten nun in dir drin sind. Es sagt nichts über dich aus. Es sagt nur aus, was du erlebt hast. Oft würdest du Dinge lieber ganz anders machen, machst sie aber so, wie du denkst, dass die andern denken, dass du sie machen sollst. Und dabei nimmst du in Kauf, dass du dich selbst dabei gar nicht wohl fühlst. Deine Glaubenssätze in dir lassen dich nicht tun, was du eigentlich tun möchtest.

Wenn also Sachen immer wieder geschehen, dann kannst du davon ausgehen, dass ein Glaubenssatz dahintersteckt. Solange seltsame Glaubenssätze in dir wohnen, traust du dich nicht, so zu sein, wie du wirklich bist. Vermutlich weißt du gar nicht mehr, wie oder wer du wirklich bist. Wenn du nicht mehr das Gefühl hast, so sein zu müssen, damit du Liebe bekommst, kommt der wirkliche Mensch in dir zum Vorschein und du kannst zu dem werden, der du wirklich bist und kannst und darfst dich auch im außen so zeigen.

Überlege dir, in welchen Situationen du dich anpasst und warum du das machst. Was würdest du in dieser Situation lieber machen? Früher musstest du dich zwangsläufig anpassen, du hattest keine Wahl. Aber heute kannst du selbst entscheiden, ob du es willst oder nicht. Du kannst wählen. Wenn du wählst, wächst auch dein Selbstvertrauen. Wenn du an deinen Glaubenssätzen arbeitest, kommst du auf Augenhöhe mit den anderen Menschen.

Manchmal sind es auch Glaubenssätze, die nicht leicht erkennbar sind. Vielleicht hast du dir mit deinem Verstand vorgenommen, nie so zu werden wie dein Vater oder deine Mutter. Und nun bemerkst du im Alter, dass du genau so geworden bist, wie du es nie wolltest, dass du z. B. deine Kinder immer wieder so behandelst wie du behandelt worden bist. Du bereust es dann, doch es passiert immer wieder. Oder du trägst dieselbe Frisur, wie dein Vater oder deine Mutter in dem Alter getragen hat. In diesem Fall hast du immer noch den Glaubenssatz, dass du geliebt wirst, wenn du deinen Eltern gefällst und deshalb integrierst du ihre Verhaltensweisen in dein Leben, selbst wenn deine Eltern schon tot sind.

Deshalb ist es wichtig, dass du deine blockierenden Glaubenssätze kennst. Du kannst sie entdecken, indem du reflektierst und beobachtest, was geschieht, was du denkst und wie du auf Dinge reagierst. Danach kannst du sie auflösen, indem du z. B. eine „andere CD einlegst".

Nun sagst du vielleicht: „Mir sind die Glaubenssätze alle klar, aber ich kann sie trotzdem nicht ändern." Nun, dann frage dich mal, was es für einen Grund geben kann, dass du daran festhalten musst. Die Psyche macht nie etwas ohne guten Grund. Ein Grund könnte z. B. die Loyalität zu deinen Eltern sein. Sie bindet dich sehr an deine Eltern und dann musst du unbewusst dabeibleiben. Wenn du an deinen Glaubenssätzen festhältst, behältst du die Kontrolle und du kennst dich in diesem „alten" Leben aus, weißt, wie du dich verhalten musst. Das gibt dir Sicherheit. Und deshalb möchtest du nichts ändern, obwohl es dir nicht gut geht.

Wenn du die Absicht setzt, dies zu ändern, dann wird es leichter. Denn alles, was du tust, hat eine Energie und die wird von deiner Absicht beeinflusst. Sie gibt dem, was du tust, eine bestimmte Grundschwingung mit und daraus handelst du dann.

Übernimm Verantwortung

Verantwortung übernehmen bedeutet, Entscheidungen zu treffen und bereit sein, die Konsequenzen zu tragen, die sich daraus ergeben.

Es gibt keinen Grund, dich aufzuopfern. Jetzt ist die Zeit, Grenzen zu setzen und auch dazu zu stehen. Ein Nein für andere ist manchmal ein Ja für dich selbst. Wenn z. B. jemand etwas mit dir machen möchte und du willst es nicht, machst es aber trotzdem, dann übernimmst du keine Verantwortung für dich. Verantwortung übernimmst du, wenn du sagst: „Nein, das möchte ich nicht." oder „Ich habe keine Lust dazu." Du nimmst dann in den Kauf, dass der andere vielleicht beleidigt ist.

Auch wenn du vor die Wahl gestellt wirst, etwas zu tun und zu gibst die Antwort „Ist mir egal!" oder „Weiß nicht" bzw. „Entscheide du!", dann gibst du die Verantwortung ab. Die andern entscheiden dann und du gehst z. B. in die Disco, obwohl du die laute Musik nicht magst. Verantwortung übernimmst du, wenn du ein klares Ja oder nein gibst und dann in Kauf nimmst, dass der andere vielleicht enttäuscht von dir ist. Wenn du dich nicht traust, zu sagen, was du willst, dann machen andere Vorschläge und bestimmen über dich.

Du traust dich vielleicht nicht, deine Wünsche und Bedürfnisse den andern mitzuteilen oder gar diese durchzusetzen. Und dann erwartest du von den andern, dass diese deine Wünsche von den Augen ablesen und erfüllen.

Verantwortung übernehmen bedeutet auch, zu dem zu stehen, was du verursacht hast. Wenn du z. B. morgens verschlafen hast und zu spät zur Arbeit kommst, dann ist es eine Ausrede, wenn du z. B. sagst, dass dein Auto nicht angesprungen ist oder ein Stau war. Warum traust du dich nicht zu sagen, dass du verschlafen hast? Dann übernimmst du Verantwortung für dich.

Wenn du sagst: „Ich bin nicht geliebt worden von meinen Eltern und deshalb ist mein ganzes Leben versaut. Ich kann deshalb nicht lieben", dann steckst du noch in der Vergangenheit fest und übernimmst keine

Eigenverantwortung. Das Leben spielt sich jetzt ab und nicht in der Vergangenheit und wenn du ins Hier und Jetzt kommst, dann kannst du etwas daran ändern. Du bist nicht dazu verurteilt, dein ganzes Leben unglücklich zu sein.

Verantwortung zu übernehmen bedeutet, dass du aufhörst, anderen, den Umständen oder der Vergangenheit die Schuld für deine Probleme zu geben. Dein Partner, deine Kinder, deine Freundin oder sonst wer ist nicht schuld, wenn du unglücklich bist. Es sind deine eigenen negativen Denk- und Lebensweisen, mit denen du dir das alles antust. Deshalb kannst auch nur du selbst etwas daran ändern. Solange du andere Menschen für dein Glück verantwortlich machst, kannst du selbst nichts ändern. Warte also nicht, bis jemand kommt. Es ist dein Leben und deine Verantwortung. Wenn du Verantwortung für dein Leben übernimmst, kannst du es selbst gestalten und besser machen.

Du kannst deine Vergangenheit und ihre Auswirkungen auf dein Leben nicht ungeschehen machen. Doch du kannst deinem noch vor dir liegenden Leben eine neue Richtung geben. Voraussetzung dafür ist aber, dass du die Verantwortung für dein Leben und deine Probleme übernimmst und aufhörst, dich als Opfer zu sehen. Mit der Opferrolle gibst du die Macht an andere ab. Du flehst: „Bitte, rette mich." Da kann keine Energie fließen. Geh aus der Opferrolle raus und hör auf damit, den Mitmenschen immer zu erzählen, wie schlecht es dir geht. Fang an, Lösungen für deine Probleme zu finden und setze sie um. Werde aktiv!

Bisher haben andere Menschen für dein Leben die Verantwortung übernommen, nicht du, weil du ihnen die Verantwortung sozusagen übertragen hast. Nun ist es an der Zeit, dass du selbst die Verantwortung für dein Leben übernimmst, denn du bist erwachsen und für dich selbst verantwortlich. Niemand anderer ist für dich verantwortlich.

Nach all den Jahren oder Jahrzehnten, in denen du die Verantwortung abgegeben hast, ist es vielleicht schwer für dich, plötzlich die Verantwortung für dich zu übernehmen, selber Entscheidungen zu treffen. Du hast vielleicht Angst, falsche Entscheidungen zu treffen. Du bist es ja nicht gewohnt, selber zu entscheiden, hast es vielleicht sogar schon verlernt. Aber du kannst das wieder lernen und es wird jeden Tag leichter. Du musst nur anfangen, es zu tun. Denk dran: Du bist nicht nur verantwortlich für das, was du tust, sondern auch für das, was du nicht tust. Und wenn du keine Entscheidung triffst, dann musst du nehmen, was kommt und darfst dich danach aber nicht beklagen.

Aber wenn du selber Entscheidungen triffst, kannst du dein eigenes Leben leben und musst nicht das Leben leben, das die anderen Menschen dir vorgeben.

Vergib und verzeihe

Die Worte „vergeben" und „verzeihen" werden oft in unterschiedlicher Bedeutung gebraucht. Ich verwende sie hier als Synonyme.

Wenn du dein Leben überdenkst, hast du bestimmt einen Groll auf deine Eltern oder andere Menschen gehabt, vielleicht auf jene, die dir Schlimmes angetan haben. Vielleicht ist dieser Groll und die Verletzung immer noch in dir und machen dir das Leben schwer. Doch du darfst nun alles loslassen Ein möglicher Weg dazu ist das Verzeihen.

Doch verzeihen ist nicht immer so einfach. Schließlich bist du schwer verletzt worden und das tut weh. Doch bedenke, deine Eltern haben vielleicht dasselbe Trauma der Trennung erlebt. Vielleicht haben sie die Nähe und das Urvertrauen selbst nie kennengelernt. In dem Moment, indem sie den Wunsch hatten, dich zu beschützen, kam der eigene tiefe Schmerz so stark hoch, dass er sie lähmte. Wenn deine Eltern nicht im Ur-Vertrauen waren oder ein schlimmes Trauma hatten, konnten sie dich auch nicht schützen und halten. Das musst du verstehen. Es ist also nicht mit böser Absicht geschehen. Sie waren emotional einfach nicht in der Lage dazu. Warum solltest du ihnen nicht verzeihen?

Verzeihen bedeutet nicht, dass du den Vorfall vergisst. Wenn du verzeihst, machst du deutlich, dass der andere dir Unrecht getan hat. Aber du trägst es ihm nicht nach. Beim Verzeihen geht es um Loslassen. Wenn du verzeihst, dann lässt du das Alte los. Du bleibst nicht in der Starre, du reagierst. Du kommst aus der Opferrolle raus und nimmst dein Leben selbst in die Hand. Gefühle wie Wut, Rache, Bitterkeit, Schuld oder Scham verschwinden. Du nimmst das Geschehene und die Vergangenheit an. Ändern kannst du sie sowieso nicht mehr. Aber es liegt an dir, ob du ab jetzt frei leben und in deine Kraft kommen willst oder weiterhin in diesem Schmerz gefangen sein möchtest.

Verzeihen heißt auch nicht, dass du das Verhalten entschuldigst, dass du z. B. deine Eltern frei sprichst, sondern dass du erst einmal stimmige Grenzen setzt, die Wut und den Groll wahrnimmst und fühlst und aussprichst, was passiert ist. Die Starrheit in dir kann durch die Wut, die du rauslässt, umgewandelt werden. Du kannst z. B. alleine im Wald mit schnellem Schritt gehen. Bei jedem Schritt geht ein Teil der Wut raus. Dann kannst du mit deinen Eltern reden, ihnen erklären, wie du dich gefühlt hast. Du kannst auch schreien, etc. Aber du solltest deine Eltern nicht anklagen. Und so kannst du Schritt für Schritt eine Perspektive der Liebe und des Mitgefühls entwickeln, vor allem für dich selbst. Wenn du jemandem verzeihst, dann hat er keine Macht mehr über dich. Solange du noch Wut und Groll für jemanden empfindest, bist zu energetisch mit ihm verbunden und er kann dir Energie entziehen.

Vergeben heißt auch nicht unbedingt versöhnen. Es heißt nur, dass du keinen Groll mehr auf die Person hast, die dir etwas angetan hat. Du kannst dich trotzdem von ihr trennen.

Vergebung ist ein innerlicher Prozess, bei dem du deine Schuldzuweisungen, den Anspruch auf Wiedergutmachung oder den Wunsch nach Vergeltung loslässt. Du musst dem Täter gar nicht sagen, dass du ihm verzeihst. Das machst du in erster Linie für dich, denn durch Verzeihen wirst du frei und kannst die negative Erfahrung loslassen.

Wenn du dir und den andern verzeihst und die Wut und den Groll loslässt, kannst du dein Herz heilen und inneren Frieden und die Freiheit finden. Echtes, von Herzen kommendes Verzeihen befreit dich vom Verhaften in der Vergangenheit. Du kannst wieder im Hier und Jetzt leben.

Vielleicht wunderst du dich, dass du auch dir verzeihen sollst. Du hast doch nichts getan. Dadurch, dass du dir selbst vergibst, befreist du dich vom Schmerz, den giftigen Emotionen und negativen Gefühlen, die in dir drin sind. Du kannst dir z. B. verzeihen, dass du so viele Jahre nicht gelebt hast oder deinem Körper durch eine Suchterkrankung oder Depressionen oder etwas anderem viel Leid angetan hast, dass du dich selbst erniedrigt hast usw.

Vergebung passiert nicht von heute auf morgen. Es ist ein Prozess, der sich normalerweise über einen längeren Zeitraum erstreckt. Es kann einige Zeit dauern, bis du durch deine Emotionen durch bist und dann wirklich verzeihen kannst. Gib dir zum Vergeben Raum und Zeit. Setze dich nicht selbst unter Druck. Es ist nicht gut, wenn du jedem alles sofort verzeihst. Du musst die Dinge erst verarbeiten, dir bewusst machen und auch die Blockaden in deinem Körper lösen, damit du in die Lage kommst, verzeihen zu können. Heilung ist keine Frage von Zeit, sondern von Bewusstwerdung. Du hast es verdient, ein glückliches, erfülltes und liebevolles Leben zu leben.

Wenn du verzeihst ist das ein bewusster Vorgang. Es bringt dir nichts, „Ich vergebe mir" oder „Ich vergebe dir" zu sagen, ohne es bewusst zu fühlen, denn dann passiert gar nichts. Wenn du diese Worte sagst, dann musst du das ganz bewusst machen und es muss ehrlich und von ganzem Herzen kommen.

Du merkst, dass du jemandem vergeben hast, wenn du keine negativen emotionalen Reaktionen mehr spürst, wenn du ihm begegnest oder an ihn denkst.

Schätze dich selbst wert

Wenn du dir ständig wünschst, von jemandem oder gar von allen geliebt zu werden, dann ist das ein Zeichen, dass es dir an innerer Sicherheit mangelt. Du kannst dich selbst nicht annehmen und nicht lieben und nicht schätzen. Wenn du das nicht kannst, dann lebst du von außen nach innen und brauchst immer andere Menschen, um Bestätigung, Anerkennung und Wertschätzung zu bekommen. Du sehnst dich nach gesehen und geliebt werden. Aber niemand kann dir das auf Dauer geben. Du machst dich nur abhängig, wenn du das von andern erhoffst und erwartest.

Als du früh in deiner Kindheit abgelehnt wurdest, von deiner Mutter oder sonst einer engen Bezugsperson nicht geliebt wurdest, hast auch du aufgehört, dich selbst zu lieben. Du hast dich abgetrennt und warst nicht mehr eins mit dir. Du hast aufgehört, dich zu lieben, weil du den Schmerz nicht mehr ausgehalten hast. Dich nicht mehr zu lieben war für dich eine Möglichkeit, den Schmerz nicht mehr spüren zu müssen. Und jetzt nimmst du den Schmerz als Vorwand, nicht zu lieben. Auch wenn du vielleicht das Gefühl hast, durch das Nichtgeliebtwordensein selbst nicht lieben zu können, so ist das nur ein Gefühl, es entspricht aber nicht der Wahrheit. Du kannst das Gefühl ändern und du bist sehr wohl in der Lage, andere und auch dich selbst zu lieben.

Vielleicht bist du ein Mensch, der sehr hohe Erwartungen an sich stellt und meint, immer alles perfekt machen zu müssen. In dem Fall hast du noch nicht erfahren, wie wertvoll du bist, denn du meinst, dass du nur angesehen bist, wenn du Erfolg hast. Vielleicht wurde bei dir in der Kindheit viel Wert darauf gelegt, dass du gut angezogen bist, dich gut benimmst und gute Noten schreibst. Diesem Muster bist du treu geblieben und stellst nun auch als Erwachsener noch sehr hohe Ansprüche an dich, bist selten mit dir zufrieden, willst immer noch mehr machen und es noch besser machen. Dein ganzes Leben musstest du schauen, dass du Erfolg hast. Und wenn du die Leistung nicht bringen kannst, die die anderen bringen, dann liebst du dich nicht, weil du denkst, dass die andern mehr von dir erwarten und du verlierst dich selbst.

Wenn du nur den Erwartungen deiner Eltern, Lehrern und anderen Menschen entsprechen möchtest oder nur deinem Partner gefallen möchtest, dann bekommst du nicht die Liebe, die du eigentlich möchtest und brauchst. Liebe bedeutet nicht, sich für andere Menschen aufzuopfern. Bei der Liebe geht es auch nicht darum, nur die Bedürfnisse der anderen vor Augen zu haben, sondern auch deine eigenen.

Da du aber zu wenig Selbstliebe hast, meinst du, die Liebe durch Steigerung deiner Leistung oder durch gutes Aussehen erreichen zu müssen. Du gehst vielleicht nicht mehr ungeschminkt aus dem Haus, weil du Angst hast, nicht gut genug auszusehen und dann verachtet, verlassen und nicht geliebt zu werden. Das ist nicht der richtige Weg zu echter Liebe. Warum solltest du wertvoller sein, nur weil du knallrote Lippen und blaue Augenlider hast, weil du fünf Sprachen fließend sprechen kannst oder weil du alle Autokennzeichen auswendig kannst? Vielleicht wirst du dann bewundert, aber das hat nichts mit wertvoll sein oder geliebt werden zu tun. Wenn du ständig auf dem Präsentierteller oder im Leistungsdruck bist, lebst du auch ständig im außen.

Vielleicht ist bei dir auch das Gegenteil der Fall. Du bist vernachlässigt worden oder deine Eltern hatten kein Geld und du hast nur gebrauchte Kleidung getragen, die ihr geschenkt bekommen habt. So fühlst du dich vielleicht ein bisschen wie Aschenputtel und kannst dich deshalb nicht wertschätzen, weil du immer das Gefühl hast, es nicht wert zu sein. Du denkst immer nur, dass all das andere nur für andere da ist, aber nicht für dich. Aber es ist auch für dich da und auch du bist es wert. Komm in dein Inneres, denn wertvoll und liebevoll bist du, wenn du ganz bei dir sein kannst. Da kannst du heilen und dort erkennst du deinen Wert.

Bring dir die Wertschätzung und Liebe, die du von anderen erwartest, selbst entgegen. Geh mit dir einfühlsam und liebevoll um, so wie du auch mit anderen in der Situation umgehen würdest. Sei fürsorglich und wohlwollend dir gegenüber. Erkenne deinen eigenen Wert und lerne, dich zu spüren. Lerne deine Bedürfnisse kennen. Dann kannst du deine innere Leere, dein „Liebesloch" füllen und das Gefühl entwickeln, liebenswert zu sein. Richte den Blick auf dich selbst und frage dich, was du gerade brauchst und wie du es dir geben kannst. Als Kind hast du vielleicht den Eindruck bekommen, dass du es nicht wert bist, geliebt zu werden, gut behandelt zu werden, etwas Schönes zu machen. Aber jetzt kannst du erkennen, dass du es wert bist. Du bist es wert, dir das zu geben, was dir fehlt, was du brauchst.

Probier es aus! Du wirst dich ganz neu erleben. Letztendlich ist es die Liebe, die du dir in Form von zugewandter Aufmerksamkeit selbst gibst, die dir aus dem frühen Ungeliebtwerden heraushilft. Wenn du dich bedingungslos liebst, dann fühlst du dich ganz, dann akzeptierst du dich so wie du bist.

Wenn du mit dir selbst liebevoll umgehst, dann strahlst du das aus und dann ziehst du Menschen an, die dich auch lieben. Du brauchst dann keine Abwehrmechanismen mehr. Vielleicht hast du immer noch (unbewusst) Angst vor der Liebe. Wenn du die Widerstände gegen die Liebe aufgibst, bricht sie in deinem Leben auf. Das gilt sowohl für die Nächstenliebe als auch für die Selbstliebe. Und wenn in dir drin Liebe ist und du dir vertrauen kannst, dann kannst du auch die Liebe von außen zulassen.

Selbstliebe richtig praktiziert, hat nichts mit Egoismus, Narzissmus oder Selbstvergötterung zu tun. Selbstliebe hat etwas mit Verantwortung zu tun, Verantwortung dir gegenüber und auch andern gegenüber. „Liebe deinen Nächsten wie dich selbst" bedeutet, dass du für dich dasselbe machst, wie du auch für den anderen machst oder machen würdest. Für dich ist es vermutlich kein Problem, einen schwächeren Menschen zu verteidigen oder zu schützen, doch wenn du dich selbst verteidigen oder schützen sollst, dann wird es vermutlich schwierig für dich. Wenn die Liebe zu dir aber groß genug ist, dann kannst du auch dich selbst verteidigen und schützen. Dann hast du die Kraft dazu. Je mehr du mit dir verbunden bist, desto besser kannst du mit dir umgehen.

Die wichtigste Beziehung im Leben ist die Beziehung zu dir selbst. Du musst für dich selbst sorgen, dir selbst wichtig sein, denn du bist der einzige Mensch, mit dem du ein ganzes Leben lang zusammen bist. Wenn du liebevoll mit dir umgehst, wirst du merken, dass du es bist, der dein Leben gestaltet und dass du es nach deinen Wünschen gestalten kannst.

Wenn du keine Selbstliebe hast und dich von andern ungeliebt fühlst, dann wirst du auch stehen gelassen, einfach vergessen. Du wirst nicht wertgeschätzt, weil du aufgrund mangelnder Selbstliebe deine Wertigkeit gar nicht richtig zeigen kannst. Stell dir die Liebe als helle Energie vor und die Ängste und all das als dunkle Energie. Und dann überlege, was passiert, wenn du in einem dunklen Raum bist und das Licht anmachst. Die Dunkelheit verschwindet.

Du hast dich von der Liebe abgeschnitten, weil du das, was so geschmerzt hat, nicht mehr fühlen wolltest. Dadurch ist in dir eine Lücke entstanden, die du mit etwas anderem versucht hast, zu füllen. Fülle sie mit Liebe und das Dunkle, deine Ängste und Zweifel verschwinden. Was hindert dich daran, dich voll und ganz anzunehmen, akzeptieren und lieben zu können?

Nimm dir Zeit für dich, lerne dich kennen, sorge für dich selbst. Wenn du für dich sorgst, dann gehst du mit deinem Körper liebevoll um und gibst ihm das, was er braucht. Du kümmerst dich um ihn, vernachlässigst ihn nicht.

Überlege, was du deiner besten Freundin empfehlen würdest und dann sei selbst dein bester Freund. Akzeptiere dich selbst, dann kannst du auch gut zu dir sein, wieder mehr Lebensfreude erlangen und dich wirklich selbst lieben. Gib dir selbst die Liebe, die dir deine Eltern nie geben konnten. Sei in der Präsenz.

Strahle es aus

Vielleicht wunderst du dich, warum dir immer die gleichen Dinge passieren, warum du immer abgewiesen wirst, stehen gelassen wirst, vergessen wirst, etc. Da gibt es einen ganz einfachen Grund. Du denkst, dass du nicht liebenswert bist und strahlst deine Bedürftigkeit aus. Die andern wollen oder können in deiner Bedürftigkeit nichts mit dir anfangen. Wenn du dein Bedürfnis nach Zuneigung und Liebe sowie deinen Schmerz zu stark zeigst, dann erschrecken andere daran und distanzieren sich von dir. Je mehr du dich anstrengst, beliebt zu sein, desto bedürftiger wirkst du auf andere. Die beliebtesten Menschen machen es anders. Sie leben aus sich heraus. Sie haben eine positive Ausstrahlung und die hast du nicht, wenn du gefallen möchtest. Du machst dir und den andern etwas vor. Versuch doch mal, dich für andere zu interessieren, zu verstehen, was sie beschäftigt, dann wirst du dich andern gegenüber anders fühlen als in deiner Bedürftigkeit und die anderen fühlen sich in deiner Gegenwart wohler.

Werde authentisch! Wenn du etwas aus tiefster innerer Überzeugung tust, hat das eine ganz andere Ausstrahlung als wenn du beim Tun innerlich mit den Zähnen knirschst oder etwas nur tust, um von anderen eine Bestätigung zu bekommen. Nicht nur deine Überzeugung, sondern auch dein Gefühl überträgt sich auf die andern. Der andere merkt sofort, ob du ganz bei der Sache bist oder innerlich mit Widerständen oder mangelnder Selbstliebe kämpfst. Du kannst dir Mühe geben, so viel du willst, wenn du nicht authentisch bei dir selbst bist, strahlst du auch nicht das aus, was du senden möchtest. Deine fehlende Selbstwertschätzung oder mangelnde Klarheit über dich selbst werden von anderen wahrgenommen. Beschließe unabhängig zu werden. Du brauchst die anderen nicht, um glücklich zu sein.

Finde die richtige Liebe

Als Kind bekamst du vielleicht Sätze zu hören wie: „Wenn du jetzt brav ins Bett gehst,
dann hat dich Mama ganz doll lieb. – Wenn
du dein Zimmer aufräumst, bekommst du
einen Kuss. – Wenn du eine eins schreibst,
gehen wir zusammen ins Kino." „Wenn du
dich bei der Tante anständig verhältst, dann
darfst du mit ins Schwimmbad." Bei diesen
Beispielen ist die Liebe an eine Bedingung
geknüpft: Ich habe dich nur lieb, wenn du
das und das erfüllst. Du musst bestimmte
Dinge tun, damit Mama dich lieb hat und nur
dann hat sie dich lieb.

Vielleicht ist dir auch während der Schulzeit
die Liebe entzogen worden, weil du die ge-
stellten Bedingungen, z. B. gute Noten oder
gutes Verhalten, nicht erfüllen konntest. Du
wurdest dann als Kind von deinen Eltern
und Lehrern oft gar nicht mehr als Kind gesehen, sondern nur noch als funktionieren-
des Objekt. Du bist nur deinen Leistungen
zugeordnet worden. Deine Wertigkeit hing
von der Note ab. Für schlechte Noten wurdest du bestraft, für gute belohnt. Vielleicht

durftest du auch nur mit Mama kuscheln, wenn du gut lesen konntest oder während des Tages brav warst. Oder du hast gesehen, dass dein Bruder für sein Zeugnis mehr Geld bekommen hat als du, weil er bessere Noten hatte. So hast du gelernt, dass die Liebe einer Person zu dir von bestimmten Bedingungen abhängt.

Das ist keine echte Liebe, denn diese ist bedingungslos. Bei einer echten Liebe wirst du geliebt, unabhängig von deinem Verhalten und deinen Noten. Selbst wenn du vom Weg abkommst, wirst du geliebt und diese Liebe ermöglicht dir, wieder zum richtigen Weg zurückzufinden.

Auch die Liebe, um die du dich dein ganzes Leben bemüht hast, ist keine echte Liebe. Du hast dir vieles verboten, hast dich für andere aufgeopfert, nur um von ihnen geliebt zu werden. Du hast um die Liebe gekämpft, vergeblich. Vielleicht denkst du, dass die andern dich lieben, wenn du alles für sie machst und dich selbst aufgibst. Ich denke, du hast erfahren, dass das nicht der Weg zur Liebe ist, dass du so nicht weiterkommst. Es macht dich nicht glücklich, wenn du immer nur darum kämpfst, andern gefallen zu wollen, damit du ein bisschen Liebe bekommst – die Liebe einforderst.

Wenn du als Kind gelernt hast, dass Liebe an Bedingungen geknüpft ist, dann forderst du Liebe, bekommst sie aber nicht und das macht dich unglücklich. Wenn du z. B. eine Freundin hast, dann forderst du von ihr vielleicht dass sie dich jeden Tag anruft. Wenn sie das nicht macht, denkst du, dass sie dich nicht liebt. Du machst aus dem Wunsch, dass sie dich anruft, eine Forderung, dich anzurufen. Du brauchst die anderen Menschen, um dein Verlangen zu stillen und du bist unglücklich oder fühlst dich hilflos, wenn du das Gewünschte, eigentlich das Geforderte, nicht bekommst. Niemand kann von allen Menschen geliebt und anerkannt werden. Und wenn das jemand erwartet, dann ist die Enttäuschung schon vorprogrammiert. Wenn du den Wunsch, geliebt zu werden, zu einer Forderung machst, immer und überall geliebt zu werden, dann wird es zum Problem. Liebe ist keine Forderung. Wenn ein Mensch dich von sich aus liebt, dann liebt er dich. Wenn du aber von einem

Menschen Liebe verlangst, gerätst du in seine Abhängigkeit.

Ein Extrembeispiel für die Forderung nach Liebe ist ein Stalker. Er zerstört oft sein eigenes Leben und auch das von der Person, die er ersehnt. Und das alles nur aus dem unbedingten Verlangen heraus, erhört und geliebt zu werden. Er möchte bei dem bestimmten Menschen gut ankommen und verliert sich dabei selbst.

Wenn du dich für die andern aufopferst, vergisst du oft dich selbst. Du versuchst, immer lieb und nett zu sein und es allen recht zu machen. Was macht es für einen Sinn, wenn du allen Menschen hilfst, dabei aber selbst kaputt gehst und doch nicht die Liebe bekommst, die du dir erhoffst?

Du denkst, dass die Menschen um dich herum alle eine glückliche Kindheit gehabt haben, nur du nicht. Merkst du die Opferrolle, in die du dich hineinbegibst? Vielleicht denkst du sogar, dass das okay ist, weil du es nicht verdient hast. Aber du hast es verdient und du bist nicht zum Unglücklichsein verurteilt, nur weil du eine ungeliebte Kindheit gehabt hast. Du kannst dein Leben jederzeit ändern. Die anderen Menschen um dich herum haben auch nicht alle eine gute Kindheit gehabt, aber sie gehen anders damit um. Während du das Gefühl oder die Gedanken hast, abgelehnt zu werden, bist du leicht manipulierbar, angreifbar und verletzbar. Akzeptiere das, was damals geschehen ist. Wenn du verstanden hast, was in deiner Wunde des Nichtgeliebtwerdens verankert ist, fällt dir die Heilung viel leichter.

Du hast als Kind zu wenig Liebe von deinen Eltern, Geschwistern oder anderen Bezugspersonen bekommen. Das ist aber nicht geschehen, weil sie dich nicht lieben wollten, weil du nicht liebenswert warst, sondern weil sie in dem Moment aufgrund ihres eigenen emotionalen Problems einfach nicht in der Lage waren, dich zu lieben oder dir ihre Liebe zu geben. Ihre fehlende Wertschätzung war keine Ablehnung dir gegenüber. Du hast es aber so aufgefasst und denkst deshalb, dass du nicht liebenswürdig oder nicht in Ordnung bist. Und wenn du auch heutzutage von einer Person abgelehnt wirst, dann bedeutet das auch nicht, dass du nicht liebenswert bist. Es ist nur die persönliche Sichtweise dieser einen Person. Das hat

nichts mit dir zu tun. Geliebt zu werden hängt immer auch von der Stimmung der anderen Person ab. Es kann sein, dass sie dich grundsätzlich liebt, aber in diesem Augenblick eben nicht, weil du dich blöd verhalten hast oder sie selber gerade schlecht drauf ist. Es hängt von so vielen Faktoren ab. Nicht alle Menschen können dir jederzeit zugetan sein. Und das darfst du nicht immer gleich auf dich beziehen. Jeder Mensch empfindet mal negative Gefühle, ist mal enttäuscht, verletzt, wütend oder eifersüchtig und dann kann er in dem Moment auch dir kein positives Gefühl entgegenbringen. Aber selbst wenn dich alle Menschen lieben würden, wäre das Problem in dir nicht gelöst, weil du dann befürchten müsstest, dass du diese Liebe wieder verlierst. Das würde dich also auch nicht glücklich machen.

Du willst die Wunde, die dir damals zugefügt wurde, durch jemand Außenstehenden heilen lassen. Doch das geht nicht. Die Wunde ist in dir drin und nicht in irgendeinem anderen Menschen. Deshalb kannst auch nur du selbst dich von dieser Wunde heilen. Du kannst andere zur Unterstützung holen, aber heilen musst du sie selbst. Niemand anderer kann die Leere, dieses Liebesloch, in dir füllen. Selbst wenn du das Gefühl hast, dass eine andere Person diese Lücke in dir füllt, dann kann das zwar kurzfristig so sein, doch du bist immer von dieser Person abhängig. Wenn du sie aber selbst füllst, dann bist du immer bei dir und von niemandem abhängig. Und das lohnt sich auf jeden Fall. Oft hilft es schon, einfach den Blickwinkel zu ändern und in eine andere Richtung zu schauen.

Entrinne der Einsamkeit

Das Gefühl der Einsamkeit wird durch einen emotionalen Mangel ausgelöst. Es ist ein sozialer Schmerz und kann mit körperlichem Schmerz und Hunger verglichen werden. Im Zustand der Einsamkeit fühlst du dich zwangsläufig verlassen und verloren.

Vielleicht sitzt du einsam und allein zuhause und starrst nur an die Decke. Du denkst, dass niemand etwas mit dir zu tun haben möchte. Niemand lädt dich ein oder besucht dich. Die Einsamkeit, die du jetzt spürst, ist die Einsamkeit deiner Kindheit. Du wurdest in deiner Kindheit schwer verletzt und die Verletzung sitzt tief. Schenk diesem verwundeten Teil in dir, den du verlassen hast, wieder Aufmerksamkeit.

Vielleicht würden die andern dich gerne besuchen, aber sie wissen nicht, dass sie bei dir willkommen sind. Sie wissen vielleicht gar nicht, dass du gern jemand hättest, dass du dich allein fühlst. Vielleicht denken sie auch, dass du lieber allein sein willst. Du kannst es ja mal mit dem ersten Schritt versuchen und jemanden zu dir einladen oder mit jemanden zum Essen gehen. Es gibt bestimmt Leute in deiner Umgebung, die gerne etwas mit dir machen würden, aber du musst ihnen signalisieren, dass du das willst. Ein Mensch mit der Wunde des Nichtgeliebtwerdens strahlt oft nach außen aus, dass er lieber allein sein möchte – obwohl er das nicht wirklich will. Deshalb nehmen einige Leute Abstand von dir und lassen dich in Ruhe. Und du meinst dann, sie wollen nichts mit dir zu tun haben. Es liegt an dir, dies zu ändern.

Du hast die Ablehnung, die du damals erfahren hast, auf alle Situationen in deinem Leben übertragen. Diese Ablehnung ist ein Gefühl, nicht dazuzugehören. So fühlst du dich vermutlich auch oft in der Gemeinschaft einsam, nicht nur, wenn du allein bist. Du bist z. B. auf einer Veranstaltung mit vielen Leuten, aber du bist mitten unter den Leuten allein und einsam. Und es tut dann sehr weh, wenn du siehst, wie die andern sich alle gut unterhalten. Du hast die Möglichkeit, auf die Leute zuzugehen, sie anzusprechen, sie in einen Dialog zu verwickeln.

Vielleicht sitzt du auch in einem Workshop und kannst dort nichts sagen. Du denkst (unbewusst), dass die anderen deine Meinung, das was du sagst, nicht interessiert, dass du eigentlich gar nicht dazugehörst. Doch auch das ist wieder nur ein Gefühl. Du musst nicht in einem Workshop sitzen und dieses Gefühl haben. Die andern interessiert sehr wohl, was du zu sagen hast. Deine Meinung ist sogar erwünscht.

Wenn du das Gefühl hast, ausgeschlossen zu sein, dann wirkst du andern gegenüber unsicher und seltsam und bist nicht du selbst, sondern jemand, der Angst hat, er selbst zu sein. Deshalb ziehst du dich zurück und willst du es allen recht machen und bist dann enttäuscht, wenn die andern sich nicht so verhalten, wie du es dir ausgedacht oder wie du es erwartet hast.

Wenn du ständig in der Sehnsucht lebst, das Loch der Liebesleere mit Liebe von außen füllen zu wollen, wird deine Einsamkeit nicht weggehen. Diese unbewusste Sehnsucht, die immer noch in dir wirkt, macht dich unfrei und abhängig. Wenn du loslässt, dann findet oft eine innere Versöhnung statt und du wirst wie von selbst mit der Wertschätzung und der Liebe genährt, die dir deinem Gefühl nach immer verwehrt blieb. Es geht immer ums Gefühl.

Du musst auch nicht einsam sein, wenn du allein bist. Alleinsein bedeutet ja nicht automatisch einsam sein. Viele Menschen wählen den Zustand des Alleinseins ganz bewusst aus. Sie ziehen sich zurück, ruhen aus, laden ihre Batterien auf. Sie sind in der Zeit ganz für sich, erleben sie bewusst, um es dann am nächsten Tag wieder zu genießen, mit Menschen zusammen zu sein. Eremiten wählen z. B. ganz bewusst das Alleinsam und zwar über Jahre, manchmal das ganze Leben lang. Diese Menschen müssen sehr gut mit sich selbst klarkommen, denn sie müssen sich den ganzen Tag aushalten.

Du bist vielleicht auch schon dein ganzes Leben lang allein, doch du hast dich vermutlich in dieser Zeit auch einsam gefühlt und dich in diesen Schmerz vergraben. Du wolltest nicht allein sein, hast dich dagegen gewehrt und bist deshalb nicht mit dir selbst in Kontakt gekommen. Du wolltest immer Teil einer Gemeinschaft sein und dazugehören. Das hast du immer ersehnt. Du hast dich aber nicht getraut, weil du Angst hattest, dass du ausgeschlossen wirst und so hast du dich selbst ausgeschlossen. Deshalb bedeutet für dich allein sein einsam sein.

Genieße die Zeit mit dir allein. Allein sein bedeutet allein mit dir sein, ohne jegliche Ablenkung oder Berieselung von außen. Wenn du dieses Gefühl mal kennst, dann weißt du, wie schön das sein kann. Wenn du gelernt hast, allein zu sein, ohne einsam zu sein, dann genießt du die Zeit. Und danach gehst du wieder unter Menschen.

Erkenne die Beziehung
zu deinem Partner

Vielleicht sehnst du dich so sehr nach einem Partner, dass du eifersüchtig auf alle Partnerbeziehungen bist, die du siehst. Du meinst, dass sie all das haben, was du so sehr vermisst. Du siehst in jeder Beziehung nur das Glück der Beteiligten. Aber nicht alle Ehepaare oder Partnerbeziehungen sind glücklich. Von außen ist das oft nicht so sichtbar, weil die Menschen das meist überspielen.

Wenn du dein ganzes Leben das Gefühl gehabt hast, nicht genug zu sein, nicht geliebt zu werden und plötzlich kommt jemand, der dir sagt, dass er dich liebt, dann hört in diesem Moment in dir die Suche nach Liebe auf, die Anspannung lässt nach und du fühlst dich vollkommen ganz und projiziert das fälschlicherweise nach außen. All die Anstrengungen gut, besser oder wertvoll zu sein und geliebt zu werden, verschwinden, denn es ist ja jetzt jemand da, der diese Wünsche erfüllt, der dir das Gefühl gibt, etwas Besonderes zu sein. Du hast nie viel

Aufmerksamkeit bekommen und jetzt gibt dir jemand das Gefühl, das Wichtigste zu sein. Zudem bekommst du noch körperliche Nähe.

Du machst nun alles, um deinem Partner zu gefallen und du möchtest, dass er dich immer liebt. Du versuchst, ihm alles recht zu machen, willst ihm seine Wünsche von den Augen ablesen und erwartest aber auch von ihm, dass er dasselbe bei dir macht. Du erwartest, dass er das „Liebesloch" in dir füllt und immer für dich da ist. Du machst alles, damit dein Partner bei dir bleibt. Vielleicht schminkst du dich auch übermäßig, weil du meinst, dass du dann noch schöner bist und dein Partner dich noch mehr liebt. Aber wahre Liebe hängt nicht von deinem Äußeren ab. Wahre Liebe ist im Herzen.

Einerseits bist du nun glücklich, jemanden gefunden zu haben, doch andererseits kommst du damit nach einiger Zeit nicht mehr klar. Du hast ja immer noch in dir den Satz, dass du nicht liebenswert bist und keine Liebe verdient hast. Das passt nicht zusammen. Du bist irritiert und es macht dir große Angst, denn wenn du dich nicht liebenswert fühlst und dich auch selbst nicht liebst, aber anscheinend von einer anderen Person geliebt wirst, dann muss da etwas faul sein, so denkst du, meist unbewusst. Du denkst, dass die Liebe, die dein Partner für dich empfindet, nicht real ist und deshalb auch nicht von Dauer sein kann. Wenn du dich nicht liebenswert fühlst, bedeutet das von vornherein, dass du eine Ablehnung erwartest. Das ist keine gute Voraussetzung für eine Ehe. Vielleicht denkst du, dass niemand, der dich wirklich kennt, eine Beziehung mit dir eingehen will. Wenn er merkt, wie du wirklich bist, dann will er nichts mehr mit dir zu tun haben, so deine Einstellung, die aber nicht der Wahrheit entspricht.

Ständig lebst du in der Angst – ob bewusst oder unbewusst – dass dein Partner dich wieder verlässt. Diese Angst ist in dir, weil du damals als Kind verlassen wurdest und dann meinst du, dass das wieder passieren wird. Das Gefühl des Verlassenwerdens ist tief in dir drin. Vielleicht fängst du dann an zu klammern und deinen Partner zu kontrollieren. Dadurch beraubst du ihn seiner Freiheit und das wird er nicht auf Dauer mitmachen und verlässt dich dann wirklich.

Liebst du denn deinen Partner oder meinst du ihn nur zu lieben aus Mangel an Zuneigung? Vielleicht verlangst du von ihm mehr, als er dir geben kann. Deine hohen Erwartungen werden nicht erfüllt und dann entsteht zwangsläufig eine Enttäuschung. Aber es ist verständlich. Dein Partner kann nicht immer für dich da sein und dir ständig Liebe geben. Wie du, so hat auch er gute und schlechte Tage. Und wenn er mal einen schlechten Tag hat, dann hat das nichts mit dir zu tun. Dann darfst du nicht gleich denken, dass er dich nicht mehr liebt. Und er braucht Freiheit, sonst „erstickt" er. Es gibt einige wenige Ehepaare, die Tag und Nacht immer zusammen sind. Doch die meisten Partner wollen auch mal ihre Ruhe und nicht, dass der andere Partner ständig auf ihm drauf sitzt. Lass deinem Partner seine Freiheit. Er liebt dich dann um so mehr.

Wenn dein Partner nur den Zweck erfüllen soll, dir Liebe zu geben, wirst du nicht glücklich. Du meinst vielleicht anfangs, dass du glücklich bist, doch dieses Gefühl besteht nur solange, solange dein Partner dir das Loch des Nichtgeliebtseins zu füllen scheint. Er kann es aber nicht wirklich füllen, weil nur du selbst das kannst, indem du die Wunde heilst. Dann kannst du von dir aus in dir glücklich sein und du brauchst keinen Partner, der dich glücklich macht. Wenn du dann eine Beziehung eingehst, dann wird diese mit großer Wahrscheinlichkeit gelingen.

Ansonsten entwickelst du ein Abhängigkeitsverhältnis, aus dem es sehr schwer ist, wieder herauszukommen. Vielleicht gerätst du auch an einen Partner, der auch die Wunde des Nichtgeliebtwerdens in sich trägt. Dann versucht ihr beide, es dem anderen Partner recht zu machen, ihm zu gefallen und ihr fordert beide Liebe und merkt gar nicht, dass ihr euch innerlich verlässt. So werden beide auf Dauer unglücklich.

Wenn du Liebe forderst, dann kannst weder du noch dein Partner glücklich sein, zumindest nicht auf Dauer. Wenn du es aber schaffst, deinen Partner bedingungslos zu lieben und er dich auch bedingungslos liebt, dann braucht keiner von euch Angst haben, verlassen zu werden, denn bedingungslose Liebe lässt los, gibt dem andern den Freiraum, den er braucht. Bedingungslose Liebe schließt auch die Selbstliebe mit ein. Fordernde Liebe hingegen hält fest und engt ein. Durch fordernde Liebe und Kontrolle sabotierst du jede Beziehung.

Wenn du immer denkst, dass du geliebt werden musst, aber nicht liebenswert bist, hast du innerlich immer Angst, dass dein Partner die Beziehung beendet. Das Warten macht dich fertig und bereitet dir immer größere Angst. Deshalb fängst du an, die Beziehung selber zu sabotieren. Du suchst z. B. überall nach Beweisen dafür, dass dein Partner dich nicht liebt. Du spielst kleine Streitigkeiten zu großen auf, weil du in jeder Streitigkeit vermutest, dass sie ein Beweis dafür ist, dass dein Partner oder deine Partnerin dich nicht liebt. Auch jede Mimik, jede Gestik und jede Aussage nimmst du als Beweismittel. Du wirst unverhältnismäßig eifersüchtig. Du willst endlich beweisen, dass dein Partner dich nicht liebt, damit das qualvolle Warten darauf, dass dein Partner die Beziehung beendet, aufhört. Du willst ihm zuvorkommen und selbst die Beziehung beenden, bevor er es tut. Du willst die Kontrolle behalten.

Aber vielleicht merkst du auch, dass dir die Beziehung nicht gut tut, vielleicht schlägt dich dein Partner oder er geht wirklich fremd. Du meinst dann, alles erdulden zu müssen, weil du es deiner Meinung nach nicht anders verdient hast. Doch, du hast etwas Besseres verdient. Du musst nicht bei diesem Partner bleiben. Du kannst aussteigen. Du hast verdient, dass man dich gut behandelt.

Klammere dich dann nicht an deinen Partner. Es ist besser, ihn loszulassen und die Beziehung zu beenden, wenn du merkst, dass er sich nicht ändert. Es gibt aber noch die Möglichkeit, dass du aus deiner Opferrolle rausgehst. Auch das trägt oft dazu bei, die Beziehung zu retten. Erst wenn du aus der Opferrolle rausgehst, kann sich etwas ändern. Wenn du eine glückliche Erwachsenenbeziehung auf Augenhöhe möchtest, dann musst du lernen, dass du dir Liebe nicht verdienen kannst und sie nicht fordern kannst. Damit dein Partner dich respektiert, musst du dich erst einmal selber respektieren.

Es kann auch sein, dass der Partner mit dir die Beziehung beendet. Für dich ist das dann eine Bestätigung, dass du nicht liebenswert bist. Von dieser Vorstellung musst du wegkommen. Du bist liebenswert. Aber du musst in dir die Wunde des Ungeliebten noch heilen, denn solange diese nicht geheilt ist, kann es sein, dass du den Partner dazu benutzt, dieses Loch, das damals entstanden ist, zu füllen. Und das kann er nicht erfüllen. Wenn du aber weiter darauf bestehst, indem du z. B. seine Liebe einforderst, wird er dich über kurz oder lang verlassen oder eure Beziehung wird unglücklich verlaufen. Und wenn er dich verlässt, tut das sehr weh. Aber es ist kein Grund, zu verzweifeln oder sich sogar das Leben zu nehmen. Stürze dich dann auch nicht gleich in die nächste Beziehung, weil du meinst, dass du jemanden brauchst. Das wird nicht gut gehen.

Und wenn die Beziehung dann in die Brüche geht, sagst du dir selbst: "Ich hatte recht. Ich wusste von vorneherein, dass die Liebe nicht echt ist. Hier habe ich den Beweis dafür. Ich bin nicht liebenswert und niemand, der mich wirklich kennenlernt, wird mich je lieben."

Wenn dich dein Partner verlässt, dann hast du vielleicht das Gefühl, ohne ihn nicht weiterleben zu können. Du verzweifelst oder du stürzt dich sofort in eine neue Beziehung. Und du wirst feststellen, dass es dir mit dem neuen Partner wieder genauso geht. Es wiederholt sich. Und du verfestigst deine Einstellung, dass du einfach nicht liebenswert bist. Aber solange du dich selbst nicht als liebenswert siehst, wird auch die Liebe mit einem Partner nicht auf Dauer klappen, weil du dich immer abhängig machst. Du willst die Liebe immer von außen, du forderst sie ein und gleichzeitig denkst du, dass du sie nicht verdient hast.

Wenn du mit dem Partner eine Heilserwartung verbindest, gibt das Leben nach der Trennung keinen Sinn mehr für dich. Du hast dich von deinem Partner abhängig gemacht. Du hast ihn vielleicht als Retter gesehen, der dich von deinen inneren Konflikten erlösen soll. Du bist aber nicht abhängig von ihm. Steh auf deine eigene Füße. Wenn du dich selbst liebst, weißt du, dass es dir nach einem notwendigen Trauerprozess wieder besser gehen wird.

Wenn du daran glaubst, dass du es wert bist, dass ein Partner mit dir zusammen ist, dann wird der Richtige auch kommen. Du musst es aber zulassen. Es kann aber sein, dass du dann Angst bekommst, sobald die Liebe ernst wird. Da draußen gibt es bestimmt jemand, der alles an dir lieben würde, wenn er die Chance bekäme, dich kennenzulernen. Die Liebe kommt zu dem, der dafür bereit ist, der es in diesem Moment zulassen kann.

Mach dich vom außen unabhängig

Du wünschst dir Anerkennung und Liebe von anderen und suchst dir Bestätigung von außen. Du möchtest hören, dass du gewollt und geliebt bist. Solange du Anerkennung und Liebe von außen willst, bist du immer von jemandem abhängig, der dir diese Bestätigung gibt. Und was machst du in den Zeiten, in denen diese Bestätigung von außen nicht kommt?

Suche deshalb die Liebe und Bestätigung nicht bei anderen. Suche sie in dir selbst. Geh die Glaubenssätze durch, die in dir drin sind und wenn sie nicht passend sind, ändere sie. Wenn du von dir glaubst, dass du eine liebenswerte Person bist, dann brauchst du von außen keine Bestätigung mehr. Es tut natürlich gut, von außen Bestätigung zu bekommen, aber es ist dann nicht mehr notwendig, weil dein Selbstvertrauen in deine Liebenswürdigkeit ausreicht. Je größer dein eigenes Selbstwertgefühl ist, desto weniger hast du das Bedürfnis, von anderen geliebt werden zu müssen. Du weißt dann, dass du wertvoll bist. Selbstvertrauen bedeutet, sich selbst zu vertrauen. Komm weg vom Abhängigkeitsverhältnis. Du brauchst niemanden, der dich glücklich macht.

Wenn du oft krank bist oder dich selbst verletzt, so dass du heftige Schmerzen erleidest, dann sind das meist unbewusste Handlungen. Du verletzt dich nicht bewusst, aber es passiert und du trägst dazu unbewusst bei. Verletzungen sind Wunden, die von außen, am Körper, sichtbar sind. Du willst so die seelische Wunde, die die andern nicht sehen können, nach außen bringen, so dass sie körperlich sichtbar wird und jeder sie sehen kann. So willst du Mitleid bei den anderen Menschen erwecken, willst, dass sie dich trösten, dich umarmen, bemitleiden, etc. Du willst in deinem Schmerz nicht allein sein.

Oft geschieht das, nachdem du irgendwo abgewiesen wurdest oder jemand mit dir Schluss gemacht hat. Unbewusst ist da oft der Gedanke, dass diejenigen, die dich verletzt haben, doch ein schlechtes Gewissen haben müssen, wenn sie dich so sehen. Sie haben es schließlich verursacht. Aber sie sehen dich oft gar nicht mehr, weil ihr z. B.

gar keinen Kontakt mehr miteinander habt. Also leidest du körperlich völlig umsonst.

Die Muster, die du in der Kindheit entwickelt hast, haben sich so in dich eingebrannt, dass du sie gar nicht mehr wahrnimmst und sie auch noch heute unbewusst auf dein Leben überträgst. Du versuchst, herauszufinden, was gerade von dir erwartet wird und versuchst es dann zu erfüllen. Das führt zu großer Abhängigkeit. Du bist dann nur zufrieden, wenn du glaubst, dass dein Gegenüber zufrieden ist. Das macht dich aber unzufrieden, denn du spürst in dir drin die Abhängigkeit. Du erfüllst nie deine eigenen Wünsche.

Wenn du einen unabhängigen Selbstwert entwickelst, brauchst du nicht mehr auf die positive Rückmeldung von außen warten. Du wirst unabhängig.

Stehe zu deinen Bedürfnissen

Vermutlich hast du dich in deinem Leben mehr um die anderen Menschen gekümmert als um dich selbst. Du hast als Kind gelernt, deine eigenen Bedürfnisse hintenanzustellen und dich um andere zu kümmern. Nun bist du erwachsen und meinst immer noch, dass du alles für andere tun musst. Vielleicht drängst du andern deine Hilfe sogar direkt auf und fühlst dich dann zurückgewiesen, wenn jemand deine Hilfe nicht annimmt.

Du hast gelernt, dass du durch Anpassung und Gehorsam Anerkennung und eine spezielle Form von Liebe und Anerkennung empfangen kannst. Doch dieses Gefühl ist meist nur von kurzer Dauer und so du musst dein ganzes Leben hinter der Liebe herjagen. Noch dazu kommt, dass die Liebe, die du erzeugst, die du dir erarbeitest oder erkaufst, keine echte Liebe ist.

Du hast dich dein ganzes Leben zurückgestellt, dich den anderen angepasst. Vermutlich weißt du gar nicht mehr, was dir eigentlich gefällt, wie du leben möchtest, was deine eigenen Bedürfnisse sind. Nun ist es an der Zeit, dich mit dir selbst zu beschäftigen, in dich reinzuhorchen und zu schauen, welche Bedürfnisse da in dir drin sind. Werde dir deiner Bedürfnisse bewusst und schreibe sie auf, am besten von Hand. Das hat eine stärkere Wirkung und dann schau sie an. Um zu heilen ist es wichtig, deine eigenen Bedürfnisse zu erkennen, mit ihnen in Kontakt zu treten und Grenzen zu setzen.

Lass nicht alles mit dir machen. Wenn du etwas nicht willst, dann mache es nicht. Lerne, dich klar mit einem „nein" abzugrenzen. Und wenn du etwas willst, dann sag das auch und steh dazu. Du verlierst die Verbindung zu anderen nicht, wenn du deine eigene Meinung äußerst, Grenzen setzt und deine Bedürfnisse anmeldest. Wenn es Menschen gibt, die dies nicht akzeptieren, dann weißt du, dass du dich von diesen Menschen trennen darfst, denn sie tun dir nicht gut. Such dir Menschen, die deine Grenzen respektieren und dich du selbst sein lassen.

Befreie deine Gefühle

Mit der ungeheilten Wunde des Ungeliebtwerdens in dir ist dein Körper nicht in der Gegenwart. Er reagiert nicht so, wie er normalerweise reagieren sollte. Er reagiert, wie es in der Vergangenheit angemessen war. Deshalb hilft es dir auch nicht, wenn jemand sagt, dass du z. B. keine Angst haben musst. Dein Körper ist in der Vergangenheit gefangen und hat nun mal Angst. Die Angst aus der Vergangenheit sitzt in ihm fest. Auch Affirmationen sind in diesem Fall nicht hilfreich, denn sie greifen in „Notsituationen" nicht, weil in Stress-Situationen der Kopf als Erstes versagt und alle Affirmationen vergessen sind. Solange deine mentale Ausrichtung vom Körper abgespalten ist, bleibt sie wirkungslos. Deshalb ist es wichtig, eine Einheit von Kopf und Körper zu finden, die allen Stress-Situationen standhalten kann. Der Weg zu deinem wahren Selbstvertrauen geht über deinen Körper und deine Gefühle.

Das Verhalten, das du jetzt zeigst, ist vor allem dadurch entstanden, dass du als Kind eine Interpretation deines Verhaltens vorgenommen hast, welches von deinen persönlichen Gefühlen beeinflusst war. Und so hast du bestimmte Denk-, Fühl- und Verhaltensmuster entwickelt. Du hast vielleicht gelernt, dass du nicht wütend sein darfst oder die Wut zumindest nicht zeigen darfst. Also hast du sie unterdrückt. Das war für dich als Kind lebensnotwendig, denn ansonsten wurde dir die Liebe entzogen. Als Kind wusstest du nicht, was du machen solltest, wenn du die Wut nicht zulassen durftest. Vielleicht hast du die Wut an andere Kinder weitergegeben, indem du sie geschlagen hast oder ihnen Dinge weggenommen hast. Vielleicht hast du auch übermäßig angefangen zu essen, übermäßig Zeit am Computer verbracht oder übermäßig Sport getrieben, oder konntest im Unterricht nicht still sitzen. Vielleicht hast du dich auch ganz in dein Schneckenhaus zurückgezogen oder noch ganz anders reagiert. All das waren emotionale Notwendigkeiten, die dich von deiner eigentlichen Wut (oder einem anderen Gefühl) abgelenkt haben. Dadurch konntest du die inneren Spannungen lösen. Vielleicht hast du die innere Spannung auch ausgehalten.

Als Kind hast du erfahren, dass du so, wie du wirklich in deinem inneren Kern bist, den Platz in deiner Umgebung nicht finden kannst. Du hast gedacht, dass du es nicht verdienst, so wie du bist. Und so hast du nie gelernt, die Wut oder ein anderes Gefühl adäquat auszudrücken. Du musstest deine Gefühle immer unterdrücken.

In dem Moment, in dem du die Wut nicht leben durftest, hast du sie abgespalten und somit einen Teil deiner Ganzheit verloren. Das war auch bei den anderen Gefühlen so. Die Muster, die du dann aus deinen Erfahrungen entwickelt hast oder von anderen übernommen hast, trennen dich von dir selbst ab. Du reagierst nicht mehr so, wie du reagieren würdest, wenn du noch ganz wärst. Du reagierst so, wie du meinst, dass du reagieren musst. Aber jetzt bist du erwachsen und kannst deinen Gefühlen offen gegenüberstehen. Du kannst die abgespalteten Teile zurückholen, wieder integrieren und heilen, wieder ganz werden.

Vielleicht weißt du auch gar nicht mehr, was Gefühle sind, weil du sie schon lange gar nicht mehr spüren kannst. Erlaube dir, sie wieder spüren zu können. Sie dürfen da sein. Es ist für dich wichtig, mit deinen Gefühlen in Beziehung zu gehen, sie und dich selbst wahrzunehmen und zu spüren. Du darfst deine Traurigkeit und all deine inneren Gefühle loslassen und offen für Veränderungen sein. Übernimm die Verantwortung für deine Gefühle.

Aber aufgrund deiner Entgrenzung, die du erlebt hast, hast du oft kein Gefühl mehr für die eigenen Grenzen. Du kannst dann auch nur schlecht „nein" sagen. Vielleicht kannst du manchmal gar nicht unterscheiden, ob es deine Gefühle sind oder die Gefühle von anderen Menschen. Du kannst dich gut in andere hinein fühlen. Das kommt von den vielen Erschütterungen in der Familie. Du musstest ständig auf „Hab Acht" sein, d. h. ständig schauen, wie deine Eltern und Geschwister drauf sind, was du wagen kannst.

Es ist wichtig, dass du das, was damals passiert ist, benennst und den Gefühlen Raum gibst, die in solchen Situationen noch gebunden sind. Heutzutage wird oft gesagt „Alles ist gut!". Nein, nicht alles ist gut. Wenn du sagst, dass alles gut ist, dann sind die

Gefühle in diesen alten Traumata gebunden und können sich nicht lösen. Nur wenn du ganz bist, kannst du auch die ganze Aufgabe, die für dein Leben bestimmt ist, annehmen und ausführen und so dein eigenes Leben leben.

Gefühle kannst du auch gut mit dem Atem beeinflussen. Wenn du flach atmest, unterdrückst du deine Gefühle, beim tiefen Atmen können die Gefühle fließen. Gewöhne dir deshalb die tiefe Bauchatmung an. Durch bewusstes Atmen kannst du zu dir selbst kommen. In dem Moment, in dem du einen tiefen Atemzug nimmst, bist du bei dir. Atem holen hilft dir, Selbstvertrauen herzustellen oder es zu verstärken. Jeder Schauspieler, der hinter dem Vorhang steht, sollte tief einatmen, bevor er auf die Bühne geht, denn er kann das Publikum nur wirklich begeistern, wenn er ganz bei sich ist.

Nimm die Maske(n) ab

Im Laufe des Lebens hast du dir viele Masken zugelegt, die dein wahres Sein überdeckten. Masken verdecken das, was du nicht zeigen möchtest.

Hinter Masken kannst du dich verstecken. Sie ermöglichen dir, distanziert mit Menschen in Verbindung zu treten. Und wenn du dich nicht liebenswert findest, dann möchtest du dein Wesen verstecken, weil du dann meinst, eine weniger enttäuschende Erscheinung für andere zu sein. Du denkst, dass wenn du keine Maske trägst, die anderen herausfinden, wie wenig wert du bist, wie erbärmlich du bist. Du möchtest dich vor andern auch nicht als Mensch fühlen, der so verachtenswert ist. Deshalb lässt du niemanden hinter deine Maske schauen. Wenn andere herausfinden, wie wenig du wert bist, dann würde das deine Überzeugung hinsichtlich der eigenen Person nur bestätigen und das wäre ein noch tieferer Einschnitt in deine bereits so tiefe Wunde, die du mit dir rumträgst. Vielleicht hast du auch nur Angst, dass etwas passiert, wenn du die Maske abnimmst.

Manchmal bist du vielleicht auch schon du selbst, setzt die Maske aber auf, wenn es „gefährlich" wird. Sobald Vertrautheit entsteht, ziehst du dich zurück oder brichst den Kontakt ab, denn bei Vertrautheit wird Schmerz in dir ausgelöst und dann kommt die Angst und gleichzeitig auch das Gefühl, dass du nicht dazugehörst. Manchmal ist es auch die Angst, dass der andere, mit dem du gerade so gut klarkommst, dich im Stich lassen wird, wenn er merkt, wie du wirklich bist. Das darf er in deinen Augen auf keinen Fall merken. Deshalb setzt du eine Maske auf. Du möchtest damit den Schmerz umgehen, zu erfahren, dass er dich nicht wirklich liebt oder du hast furchtbar Angst, dass er dich liebt und du kannst mit der Liebe nicht umgehen, weil sie dir Angst macht. Deshalb ziehst du dich zurück, nimmst Abstand von ihm. Damit beendest du die Freundschaft innerlich. Äußerlich wirkt sich das meist in einer Verhaltensänderung aus, die sehr seltsam ist, so dass der andere die Lust an dir verliert. Du bist nicht mehr interessant. Und du wunderst dich über ihn und denkst auch, dass er nichts mehr mit dir zu tun haben möchte. Und so tust du alles, dass die privaten Treffen aufhören, obwohl du dich mit ihm treffen möchtest. Beispiel: Wenn du z. B. an deiner Arbeitsstelle jemanden kennenlernst, bist du offen, solange es nur um das Berufliche geht, Doch sobald eine Vertrautheit zwischen dir und einer anderen Person entsteht, setzt du deine Maske auf. Und dann geht z. B. das Reden plötzlich nicht mehr, du weichst der Person aus oder wendest andere komische Verhaltensweisen an.

Nun ist der Zeitpunkt, an dem du all diese Masken abnehmen darfst. Die brauchst du nicht mehr, weil du dich nun selbst schützen kannst. Du bist okay, so wie du bist. Wenn du dich dauernd verstellst, krachst du irgendwann unter dem Gewicht dieser Lüge zusammen. Ohne Maske bist du authentisch und du bist nur du selbst, wenn du authentisch bist. Und du bist wertvoll, du brauchst dich nicht zu verstecken.

Entwickle soziale Fähigkeiten weiter

Vermutlich war es dir in deinem Leben nicht möglich, deine sozialen Fähigkeiten ausreichend zu entwickeln. Du bist ja – je nach Stärke der Urwunde - selten mit ihnen in Berührung gekommen, hast alles abgespalten. Nun ist es wichtig, zu lernen, mit dir und deinen Mitmenschen anders umzugehen, die Barrieren zu durchbrechen, die dich von ihnen trennen und eine gesunde Beziehung herzustellen. Manchmal geht das auch automatisch, sobald du erkannt hast, was eigentlich in dir abläuft, wie du dich verhalten hast und warum du dich so verhalten hast.

Wenn du in deiner Kindheit gelernt hast, dass es besser ist, dich zurückzuziehen und nichts zu sagen, dann übernimmst du dieses Muster auch für dein Leben als Erwachsener, für das Leben, das jetzt gerade stattfindet. Du bist dann verängstigt und unsicher und stehst dir selbst im Weg. Du denkst, dass die andern dich sowieso nicht mögen und versteckst dich oder hältst dich mehr im Hintergrund auf.

Wenn du ein geringes Selbstvertrauen hast, dann fragst du dich ständig, was die andern von dir halten, wie sie dich bewerten. Deshalb verspürst du ständig den Druck, dich auf eine bestimmte Art und Weise verhalten zu müssen. Du kannst dann gar nicht bei dir sein, weil du immer schauen musst, wie die andern reagieren, was die wohl denken. An die Stelle deiner Selbstwahrnehmung tritt die Frage, ob andere dich gut finden und du versuchst alles zu tun, damit sie dich wertschätzen. Dieser Verhaltensdruck macht dich mürbe und auf Dauer krank.

Wenn du mit jemandem zusammen bist und die Beziehung enger wird, ziehst du dich vielleicht zurück oder verhältst dich so, dass der andere sich auch zurückzieht. Das machst du aus Angst, dass da Liebe entsteht und du die Liebe vielleicht nicht aushalten kannst. Diese Vorgänge sind meist völlig unbewusst.

Vielleicht fällst du auch immer wieder in die Kinderrolle zurück und benimmst dich z. B. in einer Gruppe wie ein schüchternes kleines Kind, so dass die anderen Erwachsenen gar nichts mehr mit dir anfangen können.

Wenn du reden willst, versagt z. B. deine Stimme. Dann bist du für den anderen nicht mehr attraktiv, nicht mehr liebenswert.

Du verhältst dich auf diese oder andere Art und machst all diese seltsamen Dinge, weil es dir dann weniger weh tut als wenn du ausgestoßen wirst, wie du es so oft schon erlebt hast. Dies geschieht natürlich meist unbewusst.

Überdenke dein Verhalten und überlege, ob du als du selbst handelst oder mit den Überlebensstrategien deines kleinen verletzten Kindes.

Wenn du z. B. das Muster in dir hast, dass du nicht gehört wirst, kann es sein, dass du redest und redest und immer wieder versuchst, andere zu erreichen, du aber nicht wirklich gehört wirst. Wenn dir klar ist, woher dein Redefluss kommt, kannst du ihn auch stoppen und anders reagieren. Und dann hört man dir auch zu.

Vielleicht nimmst du – bevor du dich mit jemandem triffst - auch in Gedanken die Gesprächsentwicklung schon vorweg und meinst dann, dass das Gespräch genau so verlaufen muss wie du es dir ausgedacht hast. Wenn es nicht so verläuft, bist du enttäuscht. Aber woher soll der andere wissen, was er antworten soll, was du dir ausgedacht hast, wie du denkst, dass er reagieren wird? Dir muss klar werden, dass der andere deine vorher ausgedachten Gespräche nicht kennt. Und warum soll er so reagieren wie du denkst? Er ist doch ein eigener Mensch, der vielleicht andere Gedanken hat wie du.

Vielleicht denkst du, dass nichts, was du tust, ausreicht, um akzeptiert zu werden. Du gibst dich hilflos und zeigst deine negative Selbsterfahrung. Du bist ständig nur am Helfen. Vielleicht bist du auch ständig am Schimpfen, weil du das Gefühl hast, dass du allen hilfst, du aber alles selbst tun musst, dass dir niemand hilft. Versuch doch mal, in eine andere Rolle zu schlüpfen und zu schauen, wie es sich anfühlt.

Vielleicht hast du dir geschworen, dass du dich als Erwachsener nie so verhalten wirst wie deine Eltern und nun bist du um die 40 oder 50 herum und merkst plötzlich, dass du dich immer mehr so verhältst wie deine

Mama oder dein Papa in diesem Alter. Oder vielleicht hast du dieselbe Krankheit bekommen wie ein Elternteil. Wenn du z. B. unter einer chronischen Krankheit leidest und dein Vater hatte diese Krankheit auch, dann willst du vielleicht durch dieselbe Krankheit die Sympathie und Liebe deines Vaters bekommen. Du denkst (unbewusst), dass dein Papa dich jetzt lieben muss, weil du ja seine Krankheit teilst. Oder vielleicht bist du auch zum Alkoholiker geworden, wie dein Vater, obwohl du das an deinem Vater immer gehasst hast. Aber nun sagst du: „Ich trinke jetzt auch, Papa, genauso wie du, liebst du mich jetzt?"

Deine alten Muster sabotieren dich ständig, suggerieren dir ständig, dass du weniger wert bist als andere. In dir ist immer noch das kleine unschuldige Kind, das einfach nur geliebt werden will, das sich wertvoll fühlen will, das sich fallen lassen will und dementsprechend verhältst du dich auch.

Es hilft dir jetzt nicht weiter, jemand anderem die Schuld zuzuschreiben und in der Opferrolle zu bleiben. Solange du in der Opferrolle bist, bist du nicht selbst schuldig, dann gibt es immer einen Schuldigen. In der Opferrolle fühlst du dich vielleicht wohl, denn dann musst du selber nichts tun, dann kannst du auf den großen Retter warten, der dich eines Tages davon befreien wird. Doch dieser Retter wird nicht kommen. Du musst dich selbst davon befreien. Du hast dir durch die Überlebensstrategien dieses Verhalten angewöhnt und musst schauen, wie du da jetzt wieder rauskommst. Du kannst andere Verhaltensweisen lernen. Aber zuvor musst du aus der Opferrolle rausgehen. Deine Opferrolle ist für andere schon an deinem Gang sichtbar.

Da du die Welt als einen Ort voller Bedrohungen wahrgenommen hast und dich immer sehr allein gefühlt hast, hast du immer versucht, es allen recht zu machen, denn dann kann dich keiner mehr ablehnen. Du hast dich selbst aufgegeben und dich mit deinem Verhalten an die Gegebenheiten der Welt angepasst oder aber du hast rebelliert und dir auch dementsprechende Verhaltensweisen angeeignet. Du hast die Verhaltensweisen entwickelt, um der Angst und dem Schmerz in deinem Innern zu entkommen. Überanpassung ist ein ganz großes Vermeidungsmotiv.

Vielleicht sagst du auch: „Wenn ich mich sowieso auf keinen von euch verlassen kann, dann scheiß ich drauf. Ich mach mein eigenes Ding und ich lass mich auf niemanden so tief ein, dass es die Reichweite hat, mich zu verletzen. Ich halte einen gewissen Sicherheitsabstand." Du bist dann nicht überangepasst, sondern überabgegrenzt. Du machst dein eigenes Ding, lässt ich nicht sehr auf andere Menschen ein, entwickelst wenig Empathie für andere und versuchst, dein Ding durchzusetzen.

Besiege die Angst

Als du klein warst, haben dich Bindungspersonen verlassen oder verlassen müssen, weil sie z. B. einen längeren Krankenhausaufenthalt hatten, andere Personen irgendwo anders pflegen mussten oder aus einem anderen Grund nicht in der Lage waren, bei dir zu sein. Ein Elternteil war damals für dich eine Zeitlang vielleicht nicht erreichbar. Aus der damaligen Sicht als Kind war es für dich nicht verständlich, dass man dich für jemand anderen zurücklässt. Du hattest das Gefühl, dass jemand anderer bevorzugt wurde, dass jemand anderer statt deiner geliebt und behütet wurde. Vielleicht waren deine Eltern auch beide physisch da, aber sie haben dich innerlich, emotional, verlassen und dir nicht die Liebe und Fürsorge gegeben, die du gebraucht hättest.

Und so hat sich diese Angst des Verlassenwerdens in dir manifestiert. Bei jedem Partner, bei jeder Freundschaft hast du Angst, wieder verlassen zu werden. Das ist auch ein Grund, warum du vielleicht gar keine Freundschaften mehr eingehst oder die

Freundschaften nicht zu deiner Zufriedenheit verlaufen. Es kommen in dir auch immer wieder die Ängste, verlassen zu werden, durch eine andere Person ersetzt zu werden oder ausgeschlossen zu werden, sobald eine andere Person den Raum betritt. Du hast dann das Gefühl, dass die andere Person mehr wert ist als du. Das führt auf der emotionalen Ebene immer wieder zu großen Belastungen. Und nun hast du als Erwachsener Angst, weil ein Beschützeranteil in dir es dem Kindesanteil ersparen möchte, all das nochmals erleben zu müssen.

Als kleines Kind hast du nicht die Erfahrung gemacht, dass alles sein darf, was du in dir empfindest. Dir wurde nicht das Gefühl gegeben, dass du okay bist so wie du bist. Deshalb hast du dich ja auch schlecht gefühlt und gemeint, dass du nicht okay bist.

Deine Eltern waren in entscheidenden Momenten nicht für dich da und du hast von ihnen keinen Halt bekommen und konntest deshalb auch keine sichere Bindung aufbauen. Wenn du als Kind oder auch im Bauch deiner Mutter die Umwelt als nicht sicher erlebt hast, dann hast du jetzt Angst.

Wenn du als Kind nicht durch das Miteinander gelernt hast, dich selbst zu regulieren, dann hat das dazu geführt, dass du unterschwellig ein dauerhaft angespanntes Nervensystem hast, weil du dich nicht sicher fühlst. Mit dem Nervensystem ist alles gekoppelt, ob das der Hormonhaushalt ist oder die unwillkürlichen Organfunktionen wie Verdauung. Wenn das Nervensystem dann unter Dauerstress ist, sind auch die Körperfunktionen unter Daueranspannung und dann reagiert dein Körper z. B. mit Verdauungsstörungen, Leberbelastung, Hautreaktionen usw.

Deshalb ist es wichtig, dich von dem Dauerstress zu erholen und dir klar zu werden, woher dieser Stress, diese Anspannung kommt.

Wähle deine Therapeuten
und Ärzte bewusst

Vielleicht gehst du sehr oft zum Arzt, weil du ständig ein Wehwehchen oder auch etwas Ernstes hast. Irgendwie bist du immer krank und brauchst den Arzt. Vielleicht bist du so oft krank, weil du jemanden brauchst, bei dem du Zuwendung bekommst. Und da ist eine Arztpraxis schon eine Zulaufstelle. Dort bist du nicht allein. Du kannst im Wartezimmer mit anderen Patienten sprechen, wenn auch meist nur über Krankheiten, aber du hast Ansprechpartner. Der Arzt ist für dich da, sorgt für dich. Auch das Personal beim Arzt kümmert sich um dich. Du wirst gesehen, bekommst etwas, damit es dir wieder besser geht.

Doch wenn du zu oft über einen längeren Zeitraum in der Arztpraxis erscheinst, kann es sein, dass dich der Arzt gar nicht mehr ernst nimmt, kein Interesse mehr an dir hat, dass du ihm vielleicht sogar auf die Nerven gehst, er dich anschreit. Vielleicht lässt er dich lange im Wartezimmer warten, nimmt Patienten, die nach dir gekommen sind, vor dir dran. Du lässt es dir lange Zeit gefallen, kommst immer wieder, weil du es ihm immer wieder verzeihst, dass er dich so behandelt, weil er dann ja ab und zu wieder mal nett zu dir ist. Falls du dich dann doch entschließt, den Arzt zu wechseln, wird dort vermutlich nach einiger Zeit wieder dasselbe passieren. Und spätestens hier musst du dein Muster erkennen und ändern.

Wenn du zu einem Psychotherapeuten oder Psychologen gehst, musst du aufpassen, dass du dich nicht von ihm abhängig machst. Wenn er anfangs sehr nett zu dir ist, was du in der Welt da draußen gar nicht so erfährst, dann kann in dir sehr leicht das Gefühl entstehen, dass der Therapeut der einzige Mensch auf der Welt ist, der dich mag, der dir zugeneigt ist und der dir helfen kann. Du fühlst dich von dem Therapeuten geliebt und angenommen. So fängst du an, diesen Therapeuten zu idealisieren, d. h. du bewunderst und verehrst ihn. Er wird von dir fast als heilig angesehen. du überhöhst ihn und setzt unrealistische Erwartungen an ihn.

So bist du gar nicht wirklich offen, im außen einen anderen Menschen zu suchen. Du hast ja deinen Therapeuten. Du ziehst dich von den Menschen noch mehr zurück und denkst vielleicht, dass es keinen anderen Menschen auf der Welt gibt, der für dich da ist. So entsteht ganz schnell ein starkes Abhängigkeitsverhältnis mit dem Therapeuten, das oft nur schwer wieder zu lösen ist. Vielleicht hast du auch das Gefühl, dass du dein ganzes Leben einen Therapeuten brauchst. Du bist vielleicht schon jahrzehntelang in Therapie, ohne dass sich etwas Wesentliches getan hat. Vielleicht hat dein Therapeut zu dir auch schon gesagt: „Sie sind therapieresistent" oder „Bei Ihnen schlägt keine Therapie an." Und so bleibst du in dem Glauben, dass du „unheilbar" bist und dann wird sich auch nichts mehr bewegen, denn der Satz sitzt. Aber er stimmt nicht. Du kannst deine Wunde heilen.

Therapeuten sind auch nur Menschen und sagen manchmal Dinge zu ihren Klienten, die nicht förderlich sind, oft sogar das Gegenteil erreichen. Vielleicht hast du von deinem Therapeuten auch schon Sätze gehört wie: „Hauen sie ab, ich möchte sie nicht mehr sehen." oder „Ich würde mit Ihnen auch nichts zu tun haben wollen, wenn ich nicht Ihr Therapeut wäre" und ähnliche Sätze. Vielleicht durftest du dann auch wirklich nicht mehr kommen. Die Liebe wurde dir sozusagen entzogen, was sehr schlimm für dich war.

Du fühlst dich dann immer noch ungeliebter. Selbst der Therapeut, dem du so vertraut hast, hat dich verlassen, will nichts mehr mit dir zu tun haben. Aber trotzdem liebst du ihn weiter, so wie du auch deine Eltern weiter geliebt hast, auch wenn sie dich geschlagen haben. Du klammerst dich an ihn und versuchst alles, damit du wieder zu ihm kommen darfst. Du verzeihst ihm alles.

Vielleicht suchst du dir auch einen neuen Therapeuten. Doch dort ergeht es dir ähnlich. Solange du dir vormachst, dass der Therapeut dein Freund und Retter ist, kannst du nicht heilen, weil du dich an ihn klammerst. Manchmal ist es für einige Zeit notwendig, mit einem Therapeuten zu arbeiten. Doch denk dran, du darfst dich nicht von ihm abhängig machen. Du brauchst nicht dein ganzes Leben einen Therapeuten.

Überlege auch genau, für welche Therapie du dich entscheidest. Eine Verhaltenstherapie, die nicht traumasensibel ist, ist zum Beispiel der falsche Weg, um die Wunde des Nichtgeliebtwerdens zu heilen. Auch eine Therapie, die mit positivem Denken oder Mentaltechniken arbeiten, ist für dich nicht passend, um diese Wunde zu heilen. Und bei der Psychoanalyse wirst du oft nur neu traumatisiert.

Lebe dein eigenes Leben

Durch deine Bemühungen um Liebe hast du negative Erfahrungen gesammelt und dadurch ein mangelndes Selbstbewusstsein entwickelt, das Angst und Abwehr stark werden lässt. Das ist ein Schutzprogramm, um das Bestmögliche aus deinem Überleben zu machen. Doch dadurch bist du ein abhängiges Kind geblieben und hast deine eigene Entwicklung verhindert. Jetzt kannst du das alles ändern, jetzt kannst du dich um dein eigenes Leben kümmern. Fang an, dein eigenes Leben zu leben. Schaffe Werkzeuge zu den Situationen, konkrete Handlungsanweisungen, um dich aus der Situation herauszuziehen. Du kannst heute anders reagieren wie damals.

Bei dir selbst hat damals alles angefangen. Deshalb fängt auch die Heilung bei dir selbst an. Beschäftige dich mit dir, schau in dich rein. Welche Gedanken sind in dir? Bringen sie dich weiter oder schaden sie dir? Deine negativen Gedanken sind alte Programme, die immer noch in deinem Kopf ablaufen. Komm ganz zu dir, vertraue dir und werde dir ganz bewusst. Ersetze die alten Programme durch neue.

Du bist der einzige Mensch, mit dem du dein ganzes Leben zu tun haben wirst. Also musst du selbst die Quelle für die Liebe zu dir sein. Vor dir selbst kannst du nicht weglaufen, außer du betäubst dich mit Alkohol, Drogen, etc. Diesen Weg gehen manche Menschen, um der Stille und Ruhe zu entgehen, in der die Gedanken wieder hochkommen. Alkohol und Drogen können zur Sucht werden. Wenn du süchtig bist, möchtest du immer von außen holen, was dir im Innern fehlt. Du meinst, damit Belastungen loszuwerden, um Trauer nicht spüren zu müssen oder um einen glücklicheren Zustand herzustellen. Aber bei jeder Sucht fehlt dir die Liebe zu dir selbst.

Komm weg von dem Gedanken, dass du abhängig bist und immer jemanden brauchst. Du kannst so vieles selber machen, dich auch selber heilen. Unbewusst denkst du vielleicht, dass du nur ganz bist, wenn eine andere Person an dem Prozess beteiligt ist. Aber machst du dann wirklich das, was in dir ist oder eher das, was der Heiler oder Therapeut dir vorgibt. Du lebst dann vielleicht ein anderes Leben wie bisher, aber nicht dein eigenes Leben.

Vielleicht halten dich innere Konflikte noch ab, dich selbst zu lieben und dein Leben zu leben. Liebe ist untrennbar verknüpft mit Respekt, Achtung, Wohlwollen, Aufmerksamkeit, Wertschätzung, Vertrauen und Fürsorge. Das kannst du dir alles selbst geben. Wenn du in dir selbst die Liebe für dich spürst, die du dir von außen wünschst, dann wirst du dasselbe Gefühl auch auf eine Beziehung zu andern übertragen können. Du kannst dir selbst vertrauen und so eine glückliche Beziehung mit dir und den anderen führen. Der Grundstein für ein neues Leben ist der Glaube und das Verinnerlichen, dass du wertvoll bist, dass du es verdient hast, dir selbst etwas Gutes zu tun. Wirklicher innerer Frieden entsteht, wenn du dich mehr und mehr als das erkennst, was unter den Schleiern verborgen ist und dich mit all deinen schlimmen Verletzungen und den daraus entstandenen Anteilen und Überlebensstrategien siehst. Du kannst dich dann besser annehmen. Erkenne, dass du trotz der Demütigungen und Entwürdigungen, die du erfahren hast, wertvoll und einzigartig bist.

Lebe dein Leben und nicht das Leben der andern. Dein Leben braucht nicht die Bestätigung von außen, sondern nur von deinem Inneren. Wenn du die Bestätigung von außen suchst, läufst du immer wieder weg von dir. Genauso, wenn du immer allen anderen alles recht machen möchtest. Wenn du nicht deine Arbeit machst, sondern die, die jemand von dir will, dann verleugnest du dich selbst. Wenn du aber machst, was du in dir spürst, dann bist du authentisch. Und wenn du authentisch lebst, dann strahlst du deine ehrlichen Frequenzen aus und erhältst ganz ohne Druck eine liebevolle Resonanz darauf.

Mach nicht länger die anderen Menschen für dein Leben verantwortlich. Akzeptiere was bisher in deinem Leben passiert ist. Akzeptieren heißt nicht gutheißen. Durch Akzeptieren kannst du mit der Vergangenheit abschließen. Und dann kannst du dich entdecken, dich selbst und dich kennenlernen. Erlaube dir alle Gefühle.

Streiche das Wort „müssen"

Es geht nicht darum, dass du dich verändern musst. Wenn du meinst, dass du etwas tun musst, dann stehst du wieder unter Druck. Du musst dich nicht befreien, von dem, was dich in deinem Innern verändert hat, aber du darfst dich befreien und ganz du werden. Du kannst die Gedankengänge und die Empfehlungen dieses Buches gerne ausprobieren. Die Betonung liegt auf „kannst". Du „musst" nicht das machen, was ich geschrieben habe. Aber wenn du wirklich heilen möchtest, dann kann dieses Buch auch dir helfen. Zwischen „müssen" und „wollen" ist ein großer Unterschied. Wenn du etwas machen „musst", dann kommt es von außen, von andern. Du tust etwas, was andere von dir wollen und stehst selbst gar nicht dahinter. Wenn du aber etwas machen „willst", dann tust du es, weil es deine Entscheidung ist. Du hast entschieden, das zu tun, nicht andere, weil du es selbst willst. Ich biete dazu nur meine Hilfe an.

Was passiert, wenn...

Vielleicht hast du insgeheim Angst, die Wunde des Ungeliebten wirklich zu heilen, weil du dir die Frage stellst, was dann passiert, wenn du geheilt bist. Du hast vielleicht Angst vor dem Neuen, dem Unbekannten. Das Alte ist zwar nicht schön, aber du kennst es.

Was passiert, wenn du nicht mehr das machst, was andere von dir verlangen?

Was passiert, wenn du das tust, wozu du Lust hast, das was dir Freude bringt?

Was passiert, wenn die Trauer aufplatzt und die Gefühle kommen?

Was passiert, wenn du dich nicht mehr schuldig fühlst?

Wie ist dein Leben, wenn du selber Entscheidungen triffst und die Verantwortung dafür übernimmst?

Was ist, wenn du das Loch selbst mit Liebe gefüllt hast und plötzlich authentisch bist?

Was ist, wenn du dein eigenes Leben lebst?

All diese Fragen und Gedanken machen dir vielleicht Angst. Ja, dein Leben wird nach der Heilung der Wunde des Ungeliebtwerdens anders verlaufen wie jetzt. Das ist sicher. Aber ich kann dir sagen, dass dein Leben schöner und erfüllter sein wird. Du brauchst keine Angst davor zu haben.

Auch du darfst leben, auch dir darf es gut gehen. Und wenn du dann soweit bist, dass du dein eigenes Leben gefunden hast, dann sei dankbar und nimm es mit Freuden an.

...

Quellenverzeichnis

Der wunde Punkt: Was ist Ihre psychische Achillesferse? (strussundclaussen.de), aufgerufen 01.01.2024

Du bist eine Wahl und keine Option! (youtube.com), aufgerufen am 20.12.2023

Hast du das Gefühl, dass dich niemand wirklich liebt? - Gedankenwelt, aufgerufen am 01.01.2024

Seelenwunden heilen - Sein.de, aufgerufen am 02.01.2024

Die Wunde der Ungeliebten, Peter Schellenbaum, Kösel-Verlag München 1989

Die Angst nicht geliebt zu werden überwinden ↔ So geht es! (eifersucht-hilfe.de), aufgerufen am 03.01.2024

https://raum-zum-sein-berlin.de/blog/sich-ungeliebt-fuehlen-ursachen-und-loesungen/, aufgerufen am 03.01.2024

Wie das Gefühl nicht liebenswert zu sein entsteht - Selfmade Soul (selfmade-soul.de), aufgerufen am 03.01.2024

Was passiert im Herzen von einem Kind, das nicht geliebt wird? - Gedankenwelt, aufgerufen am 03.01.2024

Psychologie: Schwierigkeiten von Menschen, die als Kind zu wenig Liebe erfahren haben | BRIGITTE.de, aufgerufen am 03.01.2024

179

UR-WUNDE I Die Wunde des Ungeliebtseins I Folgen erster kindlicher Verletzungen & Chance zur Heilung (youtube.com), aufgerufen am 03.01.24

Ich fühle mich ungeliebt: DIE Lösung gegen Unzufriedenheit (lovethislook.de), aufgerufen am 03.01.2024

Es gibt eine neue Ära des Online-Geldverdienens, nutzen Sie Ihre Chance (youtube.com), aufgerufen am 22.01.24

Chronischer Stress als Resultat von Überlebensstrategien I Dr. Julia Belke, aufgerufen am 26.01.2024

Der Vagusnerv und die Polyvagal-Theorie bei der Traumaheilung (ganzwerdung.net), aufgerufen am 19.02.2024

Körperorientierte Traumatherapie und ihre Besonderheiten (traumaheilung.de), aufgerufen am 09.03.2024

Weitere Bücher der Autorin

Lesen, Schreiben & Co., Band I
ISBN 9 783863571245

Sie können Ihrem Kind umso erfolgreicher beim Schreiben und lesen helfen, je mehr Sie verstanden haben, was bei diesem Prozess passiert und wie Sie ihn fördern können. Speziell dafür hat Agatha Müller eine Buchreihe entwickelt. Die Autorin arbeitet schon seit vielen Jahren mit Kindern jeden Alters, um deren Schul- bzw. Lernprobleme zu beheben. In diesem ersten Band erklärt Müller, was Lesen und Schreiben bedeutet, was dabei im Gehirn passiert und welche Bedingungen erfüllt sein müssen, damit es gelingen kann. Im Buch werden zudem verschiedene Methoden und Herangehensweisen vorgestellt. In leicht verständlicher Sprache werden anhand von Fallbeispielen aus der eigenen Praxis sowie mithilfe von zahlreichen Abbildungen den Eltern konkrete Unterstützungsmöglichkeiten nachvollziehbar und umsetzbar angeboten. Ein Buch für alle Eltern, die ihre Kinder beim Erwerb der Lese- und Schreibfähigkeit verstehen und die passende Unterstützung geben wollen.

Lesen, Schreiben & Co, Band II
ISBN 97838635712

Ihr Kind hat Probleme beim Lesen und Schreiben? Sie üben und üben mit ihm, aber es wird nicht besser. Woran kann das liegen? Die Lerntherapeutin und beratende Kinderpsychologin nimmst Sie in diesem Band mit auf die Spurensuche nach den wirklichen Quellen von Lese- und Rechtschreibschwierigkeiten. Die Autorin zeigt auf, wie die hinter Lese- und Rechtschreibproblemen stehenden Ursachen gefunden und behoben werden können. Von motorischen Störungen über emotionale Blockaden bis hin zu fehlenden Nährstoffen befasst sich die Autorin mit über 30 Gründen, warum ein Kind Probleme beim Lesen und Schreiben haben kann.

In leicht verständlicher Sprache werden anhand von Fallbeispielen aus der eigenen Praxis sowie mithilfe zahlreicher Abbildungen den Eltern konkrete Unterstützungsmöglichkeiten nachvollziehbar und umsetzbar angeboten.

Rechnen, Mathe & Co, Band I
ISBN 9783740735135

Sie können Ihrem Kind umso erfolgreicher helfen, je mehr Sie verstanden haben, was bei dem mathematischen Prozess passiert und wie Sie ihn fördern können. Mit diesem Buch haben Sie die Möglichkeit, diese Kompetenz zu erwerben. Sie erfahren darin, was Rechnen bedeutet, welche Bedingungen erfüllt sein müssen, damit es gelingen kann und wie typische Lernschwierigkeiten behoben werden können. Zudem wird Ihnen gezeigt, wie Sie Ihr Kind die Welt der Zahlen so entdecken lassen können, dass es ihm Spaß macht. OB Zählen, Addition, Subtraktion oder Einmaleins, werden anhand von Fallbeispielen konkrete Unterstützungsmöglichkeiten nachvollziehbar und umsetzbar dargestellt. So lernen Sie auch die typischen Fehler Ihres Kindes zu analysieren und erfahren, wie Sie diese reduzieren können.

Rechnen, Mathe & Co, Band II
ISBN 9783740748906

Wer Mathematik versteht, tut sich leichter. Und das beginnt schon in der Grundschule. Wie können Sie als Eltern Ihr Kind bei seinen grundlegenden Erkundungen in der mathematischen Welt begleiten und unterstützen? Ob Sach- oder Textaufgaben, ob der Umgang mit Geld und Zeiteinheiten, die Geometrie, das Umrechnen von Maßen und Gewichten, Agatha Müller erklärt all das in leicht verständlicher Sprache, so dass sie es dem Kind gut nahebringen können und dass es sogar Freude daran hat. Als Wegweiser und Standortbestimmungen dienen Ihnen Fallbeispiele sowie zahlreiche Abbildungen. So erfahren Sie z B., wie es Ihrem Kind gelingt, nicht mehr immer an der gleichen Stelle in die Irre zu gehen oder wie das Kind Lust aufs Wandern durch die Rechenwelt bekommt. Zusammen mit dem ersten Band deckt die Autorin den kompletten Lerninhalt der Grundschule ab.

ADHS Zappelphillipp
ISBN 9783839147184

ADHS Kinder haben es nicht leicht in unserem Schul-
system. Viele Eltern und Lehrer verzweifeln, weil sie
nicht wissen, wie sie mit dem Kind umgehen sollen.
Oft werden diese Kinder hart bestraft. Doch ohne
Strafe geht es viel besser. Näheres dazu erfahren Sie
in diesem Buch Es ist für all die Personen geschrieben, die bei der Erziehung eines ADHS Kindes mitwir-
ken. Sie erfahren, was ADHS bedeutet, wie es entstehen oder verstärkt werden kann, welche komorbiden
Störungen ADHS begleiten, wie das Kind sich fühlt
und wie man ihm helfen kann. Es werden dabei viele
Möglichkeiten erwähnt. Die Autorin ist Lerntherapeutin und arbeitet fast ausschließlich mit „schwierigen"
Kindern.

Hausaufgaben-Allergie
ISBN 9783740711054

Hausaufgaben - ein Wort, das in vielen Familien den immer gleichen unerfreulichen Ablauf hervorruft. Doch das Problem lässt sich lösen. Hausaufgaben machen geht auch ohne Stress und Ärger. Für Müller fängt das beim Verständnis von grundsätzlichen Fragen an, z. B. wozu Hausaufgaben diesen, wie diese in die Freizeit integriert werden können und wer die Verantwortung trägt. Abgeleitet vom Lernverhalten der Kinder gibt die Autorin den Eltern leicht umsetzbare Empfehlungen für den Umgang mit Hausaufgaben. Das Buch widmet sich auch Machtkämpfen, dem Umgang mit Kindern, die eine Lernblockade, Lernstörung oder ADHS haben. Nicht nur in diesen Fällen ist es wichtig, dass alle zusammenarbeiten. Je besser dieses Zusammenspiel klappt, desto leichter fällt die Erledigung der Hausaufgaben.

Agatha Müller

LACHEN
verändert dein Leben!

Es ist so einfach!

Lachen verändert dein Leben!
ISBN 9783740762933

Haben Sie heute schon gelacht? Viele Erwachsene
haben das Lachen verlernt. Dabei ist Lachen so gesund. Lachen kann Ihr Leben verändern. Die Autorin
zeigt in diesem Buch Möglichkeiten auf. Lachen hat
einen großen Einfluss auf Körper und Seele. Es kann
durch verschiedene Reize ausgelöst werden und ist
ansteckend. Agatha Müller untersucht, was beim
Lachen im Gehirn passiert, wie sich Kitzeln auswirkt
und warum wir bei Witzen lachen Als Clown weiß sie,
wie dieser Menschen zum Lachen bringt und sie dabei heilt. Als Lerntherapeutin und beratende Kinderpsychologin ist ihr klar, dass es sinnvoller ist, mit Hu-
mor statt mit Strafen zu erziehen und dass das Lernen
mit Spaß leichter gelingt und nachhaltiger ist. Zum
Schluss erläutert die Autorin an eigenen Beispielen,
wie leicht es ist, mit einem Lächeln die Welt ein bisschen besser zu machen.

So wird dein Leben l(i)ebenswert!
ISBN 9783740780142

Was macht unser Leben liebens- und lebenswert? Diese Frage stellt sich Agatha Müller in diesem Buch und findet dabei ganz andere Antworten als Gesundheit und Wohlstand. Statt diese von Ärzten und der Gesellschaft einzufordern, legt sie die Verantwortung für ein gelungenes Leben in die Hände jedes einzelnen. Sie empfiehlt den Lesern dankbar, wertschätzend, versöhnend sowie liebevoll, mitfühlend, verständnisvoll und verzeihend zu sein. Für die Autorin sind das die Instrumente, mit denen unser Leben besser gelingt. Und durch jeden, der diese Instrumente anwendet, wird die Welt zu einer anderen, zu einer liebenswerteren.

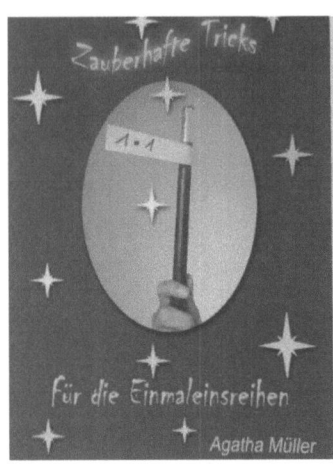

Zauberhafte Tricks für die Einmaleinsreihen
ISBN 9783754344224

Das kleine Einmaleins!
Als Lerntherapeutin begegnet Agatha Müller immer
wieder Kindern, die große Schwierigkeiten haben, das
Einmaleins zu erlernen oder zu behalten. Trotz mehreren Wiederholungen bleibt es einfach nicht im Kopf.
Irgendwann verlieren diese Kinder die Lust, sich mit
dem Einmaleins zu beschäftigen.

Das kann sich aber ganz schnell ändern, wenn das
Kind erfährt, dass es für jede Reihe des kleinen Einmaleins zauberhafte Tricks gibt. Die Malaufgaben können nämlich ganz ohne Rechnen und ganz ohne Aus-
wendiglernen gelöst werden. Wie das geht, erfährt das
Kind in diesem Buch. Die Autorin zeigt für jede Einmal-
einsreihe mindestens zwei Möglichkeiten auf, wie das
Ergebnis einer Einmaleinsaufgabe einfach „herbeige-
zaubert" werden kann.

Eigene Notizen